KB260014

B
Bitcoin

아무것도
묻지도
따지지도 않고

비트코인
따라하기

비트코인과 운명적인 만남

2016년 추석, 갑자기 중요한 문서 파일 하나가 열리지 않았습니다. 이상하다 싶어 살펴봤더니 해외 해커에 의해서 랜섬웨어라는 바이러스에 감염되었습니다. 뉴스에서만 보고, 말로만 듣던 랜섬웨어에 중요문서가 감염되었다고 생각하니 정신이 없어졌습니다. 중요한 것은 어떻게든 추석이 끝나기 전까지 이를 풀어야 업무가 원활이 진행이 되고 피해를 입지 않는다는 것이었습니다.

그런데 랜섬웨어에 대해서는 그동안 말로만 들었지 제대로 푸는 방법은 몰랐던 터라 주변에 자문을 구했습니다. 그리고 마침내 랜

섬웨어를 푸는 방법을 알아냈습니다. 그건 바로 돈으로 해결하는 것이죠. 랜섬 웨어를 걸었던 해커가 이렇게 메일을 보내왔습니다.

"내 전자주소로 1 bitcoin 을보내라"

비트코인을 보내주면 랜섬웨어를 풀어준다고 말이죠. 당시 1비트코인 (당시 1비트코인이 80만원)이었고 이정도 비용이면 묶여져 있는 파일을 푸는 것에 비해서는 싸다고 느껴졌습니다. 그렇게 비트코인을 접하고 나니 정신이 번쩍 들었습니다.

'전자화폐가 더 이상 남의 이야기가 아니구나'

전자화폐 거래가 실생활에서 정말 이뤄지고 있다는 것을 알게 된 것입니다. 그때부터 사람들을 만날 때마다 비트코인에 대해서 이야기하게 되었고 당시에 저를 열받게 만들었던 비트코인이 오히려 지금은 큰 사업 중 하나가 되었습니다.

우연히 비트코인을 만나 이를 사업으로까지 연결했지만 비트코인이 엄청난 사회적 이슈가 되고 있는 지금까지도 많은 분들이 비트코인에 대해서 정확히 인지하고 있지 못하고 있습니다.

얼마전에도 미팅을 할 때 비트코인과 완전히 관계없는 분야에서 일하는 분을 만난 적이 있는데 이분 또한 비트코인에 대해서 이것저것 문의를 했습니다. 그분은 비트코인의 핵심원리나 시장 상황에 대해서 묻는 것이 아니라 계속해서 비트코인의 시세나 채굴기 부품가격에 대해서만 물었습니다. 그리고 마지막에는 잘 모르겠으니 믿고 맡기고 싶다고 이야기까지 했습니다.

그분을 보면서 초보자들도 전자화폐나 비트코인에 대해서 쉽게 이해할 〈전자화폐매니아- 전매카〉〈코인나라&코인사랑&투자자모임- 코코투〉, 〈전자화폐투자자모임-전투모〉등의 네이버 커뮤니티는 있었지만 오프라인에서 이를 쉽게 이해할 수 있는 책은 없었습니다.

전자화폐 현상은 처음 일어난 것이 아닙니다. 금에서 종이화폐로 화폐가 옮겨갈때, 현금에서 신용카드로 사용자들이 옮겨갔을

때, 이미 비슷한 사회현상이 발생했습니다.

비트코인은 투기인가 투자인가?

비트코인에 대해서 제대로 모르고 있을것이 분명한데 시중에 나와있는 비트코인 책은 전문가를 위한 책일 뿐아니라 이해하기도 어려운 용어로만 쓰여져 있습니다. 그래서 이책은 철저히 초보자들을 위해서 그리고 이제 막 투자를 준비한 이들을 위해서 쓰여졌습니다.

1820년대 처음 증기기관차가 출현했을 때 당시 사람들은 열광과 전율을 동시에 보여주었습니다. 마차만 끌고 다니던 사람들은 괴물같은 증기기관차를 처음 접한 후 열차가 독성이 가득한 연기를 내뿜어 새를 죽게하고 하얀 양털을 새까맣게 만들것이라고 예상했습니다. 또한 굉음 때문에 소들이 풀을 뜯지 못하고 닭들이 달걀을 낳지 못할것이라고 생각했습니다.

또 25km의 빠른 속도는 인간을 가루로 만들어 버릴것이라고

여긴것입니다. 많은 이들이 적대적인 태도를 보였지만 실제로는 1831년 리버풀과 맨체스터 사이 철도가 개통되자 마자 10%의 주식이 올랐습니다. 이 철도를 건설한 회사의 주가가 순식간에 2배로 뛰었던 것입니다. 지금의 비트코인과 마찬가지로 말입니다. 이러한 현상을 보고 한 경제학 구루는 이렇게 말했습니다.

"(철도) 때문에 우리가 평생 얻게 될 정보는 두배로 늘어날 것이고, 권력분산이 신속하게 늘어날 것이다. 전세계가 한 언어를 사용하는 한 가족이 될 것이며, 동일한 법에 의해 지배를 받게 되고 한 가지 신만을 믿게 되는 시대고가 올 것이다."

무언가 비슷하지 않나요? 바로 지금의 비트코인과 비슷한 모습입니다. 철도를 비트코인을 바꿔서 다시 표현해 보겠습니다.

"2009년대에 처음 비트코인이 출현했을 당시 사람들은 비난과 전율을 동시에 보였습니다. 괴물같은 비트코인을 처음 접한 당시 사람들은 비트코인이 기존의 화폐시장의 질서를 무너뜨리고 현재 화폐시장을 죽게만들것이라고 예상했습니다. 또한 비트코인 때문에 세계경제나 기축통화가 한번에 무너질거라고 생각했습니다.

10초만에 거래가 되는 시스템에때문에 인간이 혼란에 빠질거라고 생각한 것입니다. 많은 이들이 적대적인 태도를 보였지만, 초창기 비트코인은 최근 몇차례나 급등하면서 투기열풍을 만들어냈습니다. 2017년 5월 비트코인은 전날대비 100%나 올랐던 것입니다. (비트코인)때문에 우리가 평생 사용하게 될 정보는 두배로 늘어날 것이고, 부의 분산도 신속하게 바뀔 것이다. 전세계가 사용하는 화폐는 하나가 될것이며, 더이상 중앙집권적인 화폐시장은 존재하지 않게 될 것이다."

놀랍지 않나요? 비트코인에 대해서 공부하면 투자가 되는 것이고 모른채 남들손에 맡기면 투기가 되는 것입니다. 비트코인에 대해서 용어가 낯설거나 기본개념을 익히는데 어려움을 겪고 계시다면, 하나하나 알아갈 시간이 없다면 이책만 봐도 이해할 수 있도록 쉽게 씌였습니다. 남녀노소 누구나 말이죠. 자, 이제 비트코인의 세계로 함께 들어가 볼까요?

CONTENTS

제1장
비트코인에 대해 자주하는 질문 4가지

제2장
비트코인 투자전에 꼭 알아야할 4가지

제3장
비트코인에 대한 오해 4가지

제1장

비트코인 대해
자주하는 질문 4가지

"냉철한 머리 (Cool head),
그러나 따뜻한 가슴 (Warm heart)"

– 앨프레드 마셜 (Alfred Marshall, 1842 ~ 1942)

1-1 비트코인은 누가 만들었나요?

비트코인의 창작자로 알려진 사람은 나카모토 사토시입니다. 비트코인처럼 사토시 또한 세상에 거의 알려지지 않았습니다. 그는 2009년에 비트코인을 처음으로 도입했으며 이메일을 통해서 첫 번째 사용자와 통신한 이후로 그와 연락할 수 있는 사람은 없었습니다.

비트코인이 대대적으로 등장한 후에도 사토시는 계속 익명으로 활동하다가 2011년에 완전히 사라졌습니다. 2014년 미국경제 신문지인 뉴스위크(Newsweek)는 사토시를 발견했다고 하면서 그가 로스 앤젤레스 교외에 거주하는 60대 실업자 였다고 말했습니다. 하지만 비트코인과 관련되어 개발을 하거나 연관된 사람들은 뉴스위크에서 발표한 그가 사토시가 아니라고 말했습니다.

비트코인을 처음으로 개발한 사토시는 2011년부터 비트코인 사업에 관여하지 않았으므로 그의 존재여부는 갈수록 중요해지지 않고 있지만 언제나 처음 프로그램을 만들거나 창조한 사람에 대해 궁금증이 있기에 사람들은 그의 정체성에 대해 아직도 진실을 알고 싶어합니다.

2016년 5월 크레이그 스티븐 라이트(Craig Steven Wright)라는 호주 사업가가 자신이 비트코인을 만든 사토시라고 주장했지만 회의론자들은 그가 진짜 사토시가 아니며 실제 사토시는 자신의 아직 모습을 들어내지 않았다고 말했습니다.

진짜 사토시는 비트코인은 왜 만들었을까?

과연 사토시는 누굴까요? 떠돌아 다니는 소문을 종합해 보니 비트코인은 어떤 개인이 아니라 암호화 화폐를 개발하는 그룹에 대한 통칭이라는 설입니다. 물론 핵심 개발자는 존재하겠지만 이런 전세계 대형 프로젝트를 혼자서 완성한다는 것은 무리입니다.

즉, 프로젝트 개발자들이 프로그램을 개발 후 그룹이으로 가명을 써낸 것이 아닐까 합니다. 비트코인의 기본 이념이 분산화, 탈중앙화이므로 기존 세력에 신분의 위협이 있을수도 있기 때문입니다.

둘째, 어느 국가나 특정 조직이라는 추측입니다. 검은돈을 많이 가진 이들이 자신의 자산을 더 보유하고 암거래에서 원활하게 사용하기 위해 만들었다는 이야기죠.

셋째, 비트코인 개발에 참여한 개발자 마르티 말미가 사토시라는 추측입니다. 그가 비트코인 개발자로 추정되는 이유는 비트코인을 공식적으로 배포하는 사이트인 bitcoin.org와 비트코인 개발자들과 사용자들의 커뮤니티인 bitcointalk.org의 도메인 소유자이기 때문입니다. 마르티 말미는 아직도 bitcointalk.org에서 활동하고 있으면 이 사이트는 비트코인이 정식으로 배포되기 전 존재했습니다.

마지막으로는 천정부지로 치솟는 중국의 그래픽카드들의 단합 모임 업체 이름이 아닐까 하는것입니다. 비트코인이 계속해서 값이 올라가면서 가장 많이 이득을 얻는것은 트레이딩을 하는사람들이 아니라 결국 비트코인의 부속품을 판매하는 이들입니다. 큰 그림안에서 이러한 부품개발 업자들이 단합을 하여 비트코인이라는 시스템을 만든것은 아닐까 하는 추측도 있습니다.

비트코인은 누가 만들었는지에 대해서 궁금해하는 이유는 전자화폐 전송시스템 때문입니다. 중앙 거래소 또는 중개소 없이 개인대 개인으로 거래가 가능한 비트코인의 전송방식은 기존의 중앙 집권식 거래에 관심을 가지고 있는 이들에게 다양한 장점을 줍니다. 이러한 전자화폐를 보고 이런 생각을 하는 사람이 있을것입니다.

'개인간의 거래 기록은 은행 같은 신뢰 할 수 있을 만한 중앙집집단이 있어야 하는것이 아닌가' 그래서 이해해야 하는 것이 블록체인 원리인데 이는 다음장에서 설명하고 이번장에서는 블록체인이 대체 어떻게 비트코인에 적용되는지 알아보도록 하겠습니다.

20억 학생이 수업을 받을 수 있는 하나의 교실

기존의 화폐시장처럼 중앙에서 관리할 사람이 없다면 누군가는 이를 감시를 하고 이에 대한 비용을 지불해야하는데 이것이 가능케 하는것이 바로 블록체인입니다.

비트코인의 핵심은 서로가 서로를 감시하는 '작업증명'이라 할 있고 이것이 가지는 가장 큰 의미는 바로 서로가 서로에게 정직한 협력자가 될 수 있도록 시스템으로 만들두는 것입니다.

비트코인이나 이더리움, 이더리움 클래식의 경우 이러한 의도를 가지고 여러가지로 시스템을 만들었는데 이러한 시스템에 들어오는 순간 혼자서는 아무런 힘이 없음을 느끼게 됩니다.

이런 체제의 변화는 기존의 교육시장의 변화와 비슷합니다. 예를들어, 한국의 교육시장의 경우 정부에서 지정한 교과서 정부에서 정한 최소한의 시간표대로 수업을 받아야 했습니다. 그러나 시간이 갈수록 이러한 전통교육에 대해서 의심을 품는 이들이 늘었나고 최근에는 자율적으로 교육을 받는 공유형 경제로 교육을 받는 이들이 늘어나고 있습니다. 과연 자율적 공유경제 교육이 도움이 될까요?

스탠퍼드 대학교 제바스티안 교수가 2011년 온라인으로 인공지능에 관한 무료 강의를 제공하면서 교실없는 수업 혁명을 테스트해보았습니다. 그가 기획한 온라인 강의는 기존에 대학에서 가르치는 과정과 유사한 강좌였습니다.

그는 대학에서 통상 200명가량의 학생이 자신의 강좌에 등록하므로 온라인 과정은 많아봤자 2,000명에서 3,000명정도가 등록할 것이라고 기대했지만 실제로는 16만명이 컴퓨터 앞에 있었습니다. 제바스티안은 강의가 끝나고 이렇게 말했습니다.

"강의하는내내 정말 흥분돼서 어쩔 줄 몰랐다."

중요한 것은 이러한 교육은 일방향이 아니고 양방향의 교육이고 전세계에서 많은 이들이 요청하는대로 교육과정을 변화시키거나 서로 소통 할 수 있었다는 것입니다. 즉, 중앙에서 벗어나 여러 나라의 감시자들이 존재하는 가운데 강의가 진행 되었다는 것에서 중요한 의의가 있습니다. 마치 블록체인을 활용한 비트코인처럼 말이죠.

1-2 비트코인 어디에서 구입하나요?

최근 비트코인에 대한 정보가 공유되는 〈전자화폐 매니아 모임, http://cafe.naver.com/chosungtun001〉를 통해서 쪽지나 메일등으로 비트코인 투자에 대해서 대해서 문의를 주시는 분들이 늘어나고 있습니다. 그중에 가장 많이 물어보는것이 대체 믿을만한 국내거래소는 어디이고, 시작은 어떻게 하느냐라는 질문입니다.

〈그림1-1〉 빗썸거래소

국내거래소중 가장 많이 사용하는 세 곳이 있습니다. 직접 사용해보면서 느낀점과 각 사이트별 정보를 모두 모아서 장단점만 일목요연하게 정리해봤습니다.

비트코인, 이더리움, 이더리움 클래식, 리플등은 전자화폐이다 보니 눈에 보이지 않습니다. 이때 가장 중요한 것은 신뢰이 아래 순위는 전자화폐 거래량을 중심으로 매겨본 사이트 순위입니다.

1위는 빗썸 - bithumb

2위는 코빗 - korbit

3위는 코인원 - coinone

첫번째 소개해드릴 거래소는 빗썸(bithumb)입니다. 혹자는 빗섬이라고 읽기도 하는데 같은 사이트 입니다. 빗썸이라는 사이트를 살펴봤을 때 가장 큰 장점은 국내에서 가장 큰 비트코인 거래소라는 것입니다.

마치 증권시장의 큰 업체중의 하나인 현대 증권처럼 말이죠. 또한 빗썸은 10억 정도되는 안전 보험이 가입되어 있습니다. (거래소 해킹에 위험한 비트코인의 경우 안전 보험 같은 요소는 필수라고 생각합니다) 빗썸의 장점으로는 개별 문의 서비스와 답변이 빠른 고객서비스 센터가 있다는 것 그리고 대형사이트이니 만큼 수수료가 적고 코인 이동이 편하다는 것입니다. 마지막으로는 간단한 인증으로 금액에 상관없이 출금이 가능해 컴퓨터에 익숙치 않아도 많이 사용한다는 것입니다.

단점으로는 국내 화폐사이트들의 단점으로 꼽히는 주요한 요소중의 하나인 암호화폐의 다양성이 제한된다는 것입니다. 또한 다른 홈페이지에 비해서 그리 편리한 홈페이지 고객 중심의 홈페이 형태가 아니기에 처음 사용하시는 분들은 사용하는데 어려움을 겪을 수도 있습니다.

<그림1-2> 코빗 거래소

두 번째로는 <그림 1-2> 코빗입니다. 검색양은 빗썸에 비해 두 번째입니다. korbit이라고 외국어로 검색해도 많이 들어 옵니다. 코빗의 장점으로는 다른 거래소에 비해 코인이 다양합니다. 즉 해외 통화 거래소중 가장 큰 POLONIEX를 거치지 않고도 다양한 기타 디지털 자산을 구매하거나 판매할 수 있다는 것이죠. 이곳 또한 오래된 거래소라 신용이 높습니다. 직접 사용해본 바, 단점으로는 고객센터 서비스가 타 거래소에 비해서 대응이 느린 경향이 있었습니다.

또한 디지털 화폐의 거래를 실시간으로만 가능하기에 아직은 판매와 구매 예약시스템 적용이 되지 않습니다. 그리고 수수료가 다른 곳에 비해서 높기도 하고 말이죠.

세번째로는 〈그림 1-3〉 가장 신세대 형인 코인원 coinone입니다. 이곳의 장점으로는 홈페이지 활용이 다른 두곳에 비해서 가장 편하다는 것입니다. 또한 고객센터 응답 서비스가 다양하고 쉬우며 채팅방이 있어서 사람들이 편하게 대화를 할 수 있습니다.

단점으로는 빗썸과 같이 거래할 수 있는 화폐가 메인화폐를 제외하고는 다양하지 않는 것입니다. 이는 한국거래소들의 가장 큰 문제이기는 합니다. 문의를 가장 많이 주시는 부분이 수수료 부분이니 이를 한번 정리해 보죠.

첫째, 빗썸

출금 건당 천원입니다. 비트코인은 출금 건당 0.0005 BTC 거래 완전 체결 시 수수료는 0.15%입니다.

둘째, 코빗

KRW 출금 건당 천원 BTC 출금 건당 0.0005 BTC (출금 최소금액 0.0001BTC) 바로 체결되는 거래 수수료(Taker Fee) 0.2% 바로 체결되지 않는 거래 수수료(Maker Fee) 0.1% 이부분이 코빗의 장점으로 많이들 꼽으시더군요.

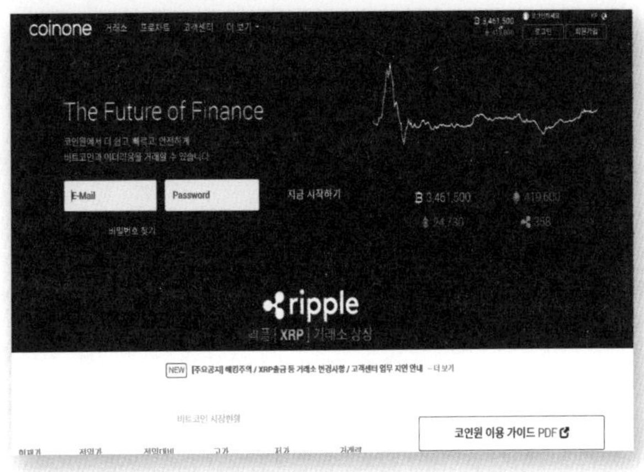

〈그림 1-3〉 코인원

셋째, 코인원

KRW 출금 건당 천원 (출금 최소 금액 5천원) BTC 출금 건당 0.0005 BTC (출금 최소 금액 0.0005BTC) 최근 30일 거래량 500만원 미만이거나 마진 거래 이용시 수수료 0.15%입니다.

* 해외 비트코인

이번에는 세계 주요 비트코인 거래소에 대해 알아보도록 하겠습니다. 국내에도 비트코인 거래소가 엄연히 있는데 왜 해외 비트코인 거래소를 활용해야할까요? 그것은 해외 비트코인 거래소를 이용하면 우리나라의 거래소에서는 취급하지 않는 다양한 전자화폐를 거래할 수 있기 때문입니다. 전세계에 여러 비트코인 거래소가 있지만 그 중에서도 가장 핫한 미국, 중국, 일본에서 주목받고 있는 비트코인 거래소들인 폴로닉스(Poloniex), 오케이코인(OK-coin), 비트플라이어(Bit-Flyer)에 대해 살펴보도록 하겠습니다.

해외거래소는 어떤 것이 있나요?

1. 폴로닉스(https://www.poloniex.com/)

폴로닉스〈그림 1-4〉는 가상화폐를 거래하시는 분들이라면 폴로닉스를 꼭 눈여겨 봐야합니다. 전 세계적으로 비트코인이 가장 활발하게 거래되는 곳이기 때문입니다. 폴로닉스를 통해 거래되는 비트코인이 전 세계 거래량의 20%를 차지하고 있다고 하니 그 규모가 굉장합니다. 폴로닉스에서는 미국 달러 또는 비트코인으로 거래를 할 수 있는데 비트코인, 이더리움 외에도 다양한 알트코인을 취급하고 있습니다. 폴로닉스의 경우 인터페이스가 깔끔하여 이용하기 편리한 비트코인 거래소입니다.

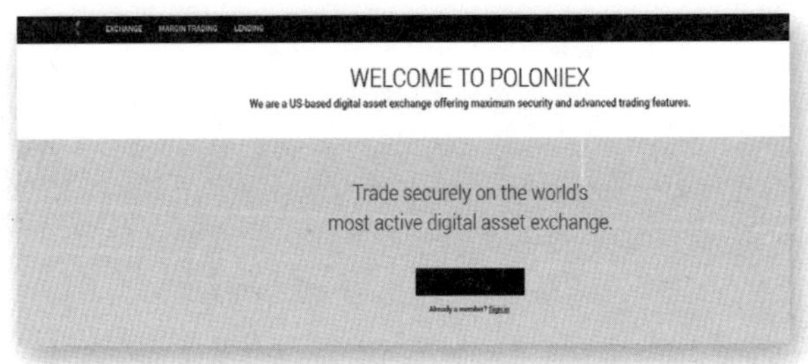

〈그림 1-4〉 폴로닉스

2. 오케이코인(https://www.okcoin.com)

오케이코인〈그림 1-5〉은 중국의 주요 비트코인 거래소 중 하나입니다. 폴로닉스와 양대산맥을 이루고 있는 비트코인 거래소의 한 축을 담당하고 있다고 볼 수 있습니다. 오케이코인은 중국의 위안화와 비트코인의 거래를 지원하고 있습니다. 오케이코인은 글로벌 블록체인 자산거래를 위해 OKEx.com을 출범시켜 선물 거래 서비스를 이쪽으로 이전시키고 있습니다.

오케이코인의 경우 중국 비트코인 거래소다 보니 중국인민은행의 영향을 많이 받고 있어 중국인민은행은 돈세탁 등의 문제를 크게 우려하고 있어 돈세탁 및 외환 관련 법률을 준수하지 않으면 문을 닫게 될 것이라 경고한적도 있는데 당국의 조사를 받고 한시적으로 비트코인 인출을 중단한 적도 있었던 만큼 계속 비트코인 거래소의 운영이 안정적으로 유지될지는 의문입니다. 꽌시라는 중국만의 문화는 오프라인뿐 아니라 온라인에서도 충분히 영향을 미치고 있기에 가능한 피하는 것이 좋다고 생각합니다.

3. 비트플라이어(https://www.bitflyer.jp/)

비트플라이어〈그림 1-6〉는 일본 최대의 비트코인 교환 및 블록체인 서비스 회사입니다. 최근 일본의 비트플라이어 거래소에서 글로벌 거래가 급증하면서 비트코인의 상승세가 더욱 가속화되고 있습니다. 특히 일본은 비트코인을 이용한 결제가 활발하며 일부 지역에 비트코인 전용 ATM 기기가 설치되어 있을 정도로 한국에 비해 비트코인을 화폐로 사용하는 분위기가 더 널리 퍼져 있습니다.

비트코인이나 블록체인에 대한 책들도 한국의 전문가들이 일본의 책을 수입해 번역하고 있기도 하고요. 현재 전세계 비트코인 거래량의 절반가량을 일본이 차지할 만큼 거래도 활발한 실정입니다.

〈그림 1-5〉 오케이코인

〈그림 1-6〉 비트플라이어

국내에 활성화된 커뮤니티는 어떤 곳이 있나요?

1) 전매카 – 전자화폐매니아

http://cafe.naver.com/chosungtun001

전매카 〈그림 1-7〉전자화폐에 대한 내용이 생소할 당시에 생겨 많은 전자화폐 매니아들이 처음 들리는곳으로 전자화폐에 대한 정보 공유를 시작으로 하여 재테크 수단으로서의 각종 암호와 화폐에 대해서 커뮤니티를 이루고 있습니다. 또한 전자화폐를 직접 채굴 하는 방법에 대한 노하우나 방법에 대해서도 각종 정보 및 세미나가 진행되고 있습니다.

2) 코코투 – 코인세상 코인나라를 꿈꾸는 투자

http://cafe.naver.com/ims330

코코투 〈그림 1-8〉은 비트코인, 이더리움이 활성화 되면서 아직 국내에 전달되지 않은 해외 알트코인이나 ICO등 고급자료들을 모아둔 곳이다. 특히나 최근에는 메이저 코인인 비트코인보다 알트코인을 위주로 다양한 글들이 올라와 투자 및 재테크에 도움을 주고 있습니다.

〈그림 1-7〉 전매카 커뮤니티

〈그림 1-8〉 코코투 커뮤니티

〈그림 1-9〉전투모 커뮤니티

3) 전투모 - 전자화폐 투자자 모임

http://cafe.naver.com/galaxysc

전투모〈그림 1-9〉는전자화폐에 대한 전문 투자자들의 모임으로 주로 메이저 코인인 비트코인, 이더리움, 이더리움 클랙식, 라이트코인등 최근 급상승하는 이슈들을 빠르게 따라가면서 이에 대해 처음 시작하는 국내 투자자들에게 다양한 방향으로 채굴 및 투자 현황에 대해서 빠르게 소식을 전달해주고 있습니다.

추가로 전자화폐에 대한 정보교류, 트레이딩 노하우, 최저가 코인구매 정보, 최고가 코인환전 신청등 코인에 대한 회원과, 운영진들의 각종 노하우나 방법을 알 수 있는 커뮤니티입니다.

1-3 비트코인 어떻게 구입하나요?

비트코인에 대해서 공부하다 보면 가장 먼저 부딪히는 것이 비트코인 구매입니다. 내가 돈이 있다고 살 수 있는 것이 아니라는 것을 알기 때문입니다. 주식처럼 말이죠.

네, 비트코인을 구매하기 위해서는 지갑이라는 것이 있어야 합니다. 처음 비트코인에 대해서 궁금해 하시는 분들은 이 지갑때문에 헷갈려 하시는분들이 많이 있는데 거래소 지갑과 개인 지갑 두 가지 개념만 알고 있다면 그리 어렵지 않습니다.

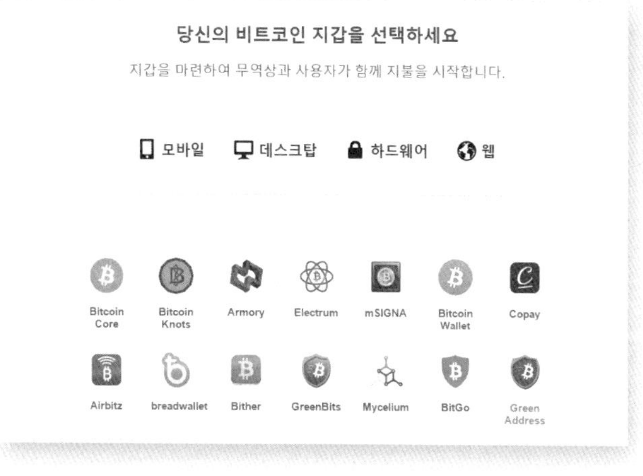

비트코인 공식 사이트에서의 지갑의 종류 : 10가지가 넘는다

개인용 지갑은 무엇이고 언제 활용하는가?

비트코인 사이트에서 공식적으로 언급한 지갑의 종류만 해도 10가지가 넘습니다. 모바일, 데스트탑, 하드웨어, 웹 지갑이그것입니다. (지갑을 만드는 자세한 설명은 부록에 나와있습니다)

개인지갑을 만드는 가장 큰이유는 분실에 대한 위험성 때문입니다. 하지만 최근에는 해커들이 데스크탑에 심어둔 개인용 지갑까지 쉽게 해킹할 수 있는지라 이러한 해킹에 대한 위험보다는

ICO(Initial Coin Offering) 참여를 위해서 개인용 지갑을 만드는 추세입니다. 대부분의 거래를 하고 있는 거래소 지갑만으로는 ICO에 참여 했을때 환불을 받지 못할 수 있기 때문입니다.

또한 보안성이 갈수록 취약해지고 있어 최근에는 많은 이들이 아예 자신의 지갑을 종이나 하드웨어에 담아두는 경우도 많아지고 있어 투자 금액이 커질수록 개인용 지갑에 대한 수요는 커지고 있습니다.

거래소 지갑은 왜, 그리고 언제 사용하는가?

개인용지갑과 달리 거래소 지갑은 바로 만들어 전자화폐 트레이딩에 참여할 수 있습니다. 거래소 지갑을 구매하기 위해서는 국내외 비트코인 거래소에 가입해 바로 지갑을 구매하면 됩니다. 예를들어 국내에서 가장 큰 거래사이트인 빗썸 거래로 보면 회원가입 → 해당 사이트에 결제 진행 → 원하는 전자화폐 구매등의 방법으로 진행됩니다.

즉, 빗썸이나 코인원 그리고 코빗등은 거래소 지갑을 만드는 업체가 아니라 전자화폐 구매를 대행해 주고 이에 대한 수수료를 받는 업체인것 입니다. 많은 분들이 이러한 거래소 지갑을 먼저 구매하는데 빗썸의 거래량은 하루 350억원치에 달합니다.

조금 더 저렴하게 구매하는 방법은 없을까?

국내외 브랜드 상품(자동차나 가구)을 구매할때 나오는 용어중에 하나가 김치프리미엄입니다. 여러가지 이유로 똑같은 제품을 구입하는데 한국시장에서는 해외보다 가격이 높은 경우죠. 자동차의 경우 2배나 높은 비용으로 측정이 되기 때문에 해외에서 직구를 통해서 이익을 얻는 경우도 있습니다.

비트코인에서도 똑같은 현상이 벌어지고 있습니다. 김치프리미엄이 심할때에는 40%이상 차이가 나는 경우도 있었습니다. 이러한 차이를 줄이기 위해서 직접 해외에서 비트코인을 구매할 수 있습니다. 아래 사이트가 가장 많이 활용하는 사이트입니다.

https://cex.io

위의 해외 거래소에서 USD로 환전해서 입금 후 구매도 가능하지만 환전수수료율, 송금수수료율 등 총 3% 비용이 발생하기 때문에 본인 소유의 카드로 구매하는 것이 좀 더 효율적입니다. 로그인은 2way로 인증을 하라고 하는데 OTP, SMS 둘다 잘 안되면 헤매지 말고 다시 로그인을 하는 방법을 추천합니다.

이 사이트가 다소 복잡해 보여도 중요한것은 국내 빗썸 등에서 구매하는 것보다는 훨씬 저렴하다는 것입니다. 위 사이트에서 구매 후 국내 빗썸 등 거래소로 보내서 매도를 하면 보통 10~20%는 이득을 볼 수는 있습니다. (김치프리미엄이 심할경우)

하지만 1일 1만달러 넘는 달러구매는 신고를 하여야 하므로 외환법에 적용되지 않는 적정선에서 구매해야 합니다. 아직까지는 국내에서 암호화 화폐에 대해서 법적 제제가 모호함하기에 세금이 없지만 여러가지 탈법으로 돈을 버는 사례가 많아지면 곧 세금의 영향을 받을거 같습니다.

김치프리미엄을 없애는 가장 좋은 방법은?

김치 프리미엄에 손해보지 않으면서 정부 세금 관련해서도 피해 받지 않는 가장 좋은 방법은 cex에서 구매 후 폴로닉스 (https://poloniex.com)로 보내서 ripple,STR 등 다양한 알트코인을 구매하는 것입니다. 즉, 메이저 코인에 투자하는 것이 아니라는 것이

죠. 그리고 이러한 몇몇 알트코인 가격이 오르면 비트코인으로 바
꿔서 다시 국내 거래소로 전송해 이득을 얻는 것입니다.

실생활에서 점점 비트코인을 받는 업체들이 많이 늘어나고 있습니다. 구두값은 물론이고 레스토랑의 음식값을 비트코인을 내고 있습니다. 과연 갑자기 늘어나는 비트코인이 기존의 화폐나 카드와 다른 점은 무엇인가요?

가상 화폐 vs 전자화폐 vs 암호화 화폐

기존의 화폐와 비트코인에 대해서 비교하기 전에 먼저 헷갈리지 말아야 할것은 기존 화폐와 전자화폐 그리고 암호화 화폐의 정의 차이입니다.

비트코인을 전자화폐라고 부르는 이들이 있는데 이는 맞는 접근이라 할 수 없습니다. 전자화폐는 (electronic cash)는 IC카드 또는 네트워크에 연결된 컴퓨터에 은행예금이나 돈 등이 전자적 방법으로 저장된 것으로 현금을 대체하는 전자 지급 수단으로 마이크로 칩이 내장되어 지폐나 주화의 본질적 속성은 그대로 있으나 금액의 정보가 디지털화되어 저장되어 있습니다. 핸드폰안에 신용카드를 넣어 결제를 폰으로 대신하는 경우가 전자화폐의 대표적인 예시라고 할 수 있습니다.

가상화폐는 컴퓨터 등에 정보 형태로 남아 실물 없이 사이버상으로만 거래되는 전자화폐의 일종으로 기존의 종이나 동전등의 전자화폐를 한단계 더 업그레이드 하기 위해 생겨난 개념으로 온라인에 실제 화폐의 교환없이 물건을 교환할 수 있는 것입니다. 예를 들어 도토리나 별풍선 등이 그것이죠.

가상화폐가 곧 비트코인인가?

여러가지 논란이 있지만 가상화폐는 비트코인으로 볼 수 없습니다. 가상화폐는 비트코인의 핵심이 되는 블록체인에 대한 설명이나 의미를 담고 있지 않기 때문입니다. 그러면 무엇이라 불러야 할까요? '암호화화폐'입니다. 암호화 화폐의 핵심은 기존의 화폐들과 달리 블록체인이라는 개념이 들어가 중앙정부의 역할 없이 개인들끼리 거래가 가능한 화폐를 뜻합니다.

가까운 일본은 현재 비트코인이 얼마나 진행되었나

가까운 일본이 4,200개의 비트코인 가게가 있는 반면에 한국에는 약 80여개의 가게가 있습니다. 얼마전 일본에서는 비트코인이 공식화폐로 지정되어 다양한 규제에서 풀리게 되었습니다. 또한 일본에서는 이제 전기요금까지 비트코인으로 지급을 할 수 있다는 이야기까지 나오고 있습니다. 반면에 한국은 이제 막 오프라인 가게 몇군데에서 상징적으로 비트코인을 받고 있을뿐입니다.

비트코인으로 정형외과 진료도 받을 수 있을까?

국내 정형외과인 연세알찬병원은 의료계에서는 최초로 전자화폐를 받아들였습니다. 병원의 공식 사업자 계좌와 연동된 전자화페 지갑으로 환율에 맞춰 환산하여 송금하기만 하면 되도록 해 사람들의 암호화화폐로 계산이 끝난 다음엔 병원의 사업자 계좌로 이체되기 때문에 원화를 이용하여 병원 계좌로 송금하는것과 다를 것이 없습니다.

새로운 앱이나 프로그램을 설치할 필요없이 국내 거래소 어느 곳에서든 병원의 공식 비트코인, 이더리움 계좌로 금액을 입금하기만 하면 되도록 시스템을 만들어 둔것입니다.

사용방법은 병원사업자 계좌랑 연동되어 있기 때문에 기존 현금 또는 신용카드와 결제 후, 동일하게 현금 영수증 발행은 물론, 소득공제 혜택도 받을 수 있는 것입니다. 바야흐로 비트코인 시대가 온 것입니다.

화폐 없이 비트인으로만 살아갈 수 있을까?

2013년 5월 미국의 유력한 경제지 중 하나인 〈포브스〉지 기자가 '비트코인으로 일주일간' 살기를 시도했습니다. 당시 그가 살고 있던 샌프라시스코에서 비트코인을 받는 식당은 컵케이크 가게와 스시집, 딱 두군데 뿐이었습니다.

다행히 한국의 배달의 민족과 같은 음식 배달업체 푸들러라는 곳이 비트코인으로 결제를 받았고 그 기자는 푸들러 덕분에 일주일을 버틸 수 있었습니다.

그리고 비트코인 결제가 가능한 온라인 쇼핑몰 기프트(gyft.com)를 이용하면서 나이키나 던킨도너츠 그리고 월마트, 도미노피자등에서 사용 가능한 기프트 카드를 비트코인으로 구입히면서 1주일을 그럭저럭 살아갈 수 있었습니다.

이는 비트코인이 기존의 화폐를 대신할 수 있다는 것을 보여주는 한편 비트코인만으로도 충분히 살아갈 수 있음을 증명하는 순간이었습니다.

북한도 비트코인을 적극 사용하고 있다

지난 3월 북한 공작원들에 의해 피살된 것으로 추정되는 김정남의 아들 김한솔을 보호하고 있는 것으로 알려진 '천리마 민방위'는 김한솔을 보호하는데 필요한 비용을 비트코인으로 후원 받았습니다.

이들이 홈페이지에 공개한 비트코인 계좌(공개키)는 '134ytYQnZVAEVV6YZVfx1NBUGc9GY45F**'였습니다. 지금도 블록체인 인포(https://blockchain.info)사이트에서 이 계좌를 입력하면 거래 내역을 조회할 수 있습니다. 3월 중순까지 이 계좌에는 2.72비트코인(당시 6120달러)이 모였습니다.

'김한솔 동영상'이 유튜브에 공개된 직후인 3월 8일과 9일 이틀 동안 25번의 송금이 이뤄졌고 러시아, 네덜란드, 프랑스 등에서 비트코인을 보낸것으로 확인되었습니다.

보낸 이의 계좌(공개키), 금액, 보낸 시간, 지역 등은 공개되지만 그 계좌 주인의 실명을 알 수 있는 방법은 없기에 비실명이라는 장점 때문에 이 방법을 통해서 입금을 받은것이 아닌가 추측하고 있습니다.

비트코인의 익명성이 가져다 주는 장점

몇년전 미국 연방 수사국은 불법 사이트에서 압수한 비트코인 3만개를 경매에 부쳤습니다. 그리고 이는 181억 원에 낙찰됐습니다. 대체 비트 코인이 뭐길래 FBI는 이것을 팔았고 누가 이렇게 비싼 돈을 주고 비트코인을 샀을까요?

이것은 불법 사이트에서 압수한 물품입니다. 경찰의 겨우 불법 조직에서 압수한 현금은 국가에서 압류하고 국고에 귀속을 시키죠. 불법적인 물품은 폐기하고요. 예를들어, 입수한 마약이나 대

마초 같은 경우는 폐기를 합니다. 다른 이들에게 부정적인 영향을 끼칠 수 있다 생각하기 때문입니다.

그런데 FBI는 비트코인을 경매에 부쳤습니다. 이것은 FBI가 비트코인을 자산으로 인정한다는 중대한 의미를 가집니다. 그리고 미국의 억만장자 한 부자가 이렇게 경찰에게서 받은 비트코인을 낙찰받았다는 것은 비트코인의 미래 가치를 아주 긍정적으로 보고 있다는것 입니다.

이러한 비트코인의 가장 큰 장점은 무역결제 통화로 사용가능하다는 것입니다. 현재의 무역결제에서는 신용장 결제일 경우에는 수수료가, 은행 송금일 경우에는 송금 수수료가 들어갑니다.

또 현실적에서 큰 비중을 자지하는 것은 환율 스프레드 (매입환율과 매도환율의 차액)인데, 비트코인을 사용하면 외화로 환전할 필요가 없으므로 이 또한 '0'이 됩니다.

다만 현재로서는 비트코인과 현실통화(달러나 엔 등)의 교환 비율의 변동이 심하고 해커의 공격 같은 위협성도 있습니다. 따라서 비트코인의 형태로 가지고 있는 시간을 최대한 줄이는 편이 좋습니다. 그러려면 현실 통화와 환전을 해야 하는데 여기에 비용이 들어갑니다. 그런 까닭에 총비용이 어떻게 될지는 단언할 수 없습니다. 다만 비트코인의 경우 수수료나 환전금액이 상당히 저렴할 것은 틀림없습니다.

비트코인의 최대 장점 : 송금수수료

현재의 국제 송금은 은행이 거의 독점하고 있는 상태라 수수료가 적정액보다 비싸게 책정되어 있을 가능성이높기 때문입니다.

또 앞으로 비트코인 환전소가 다수 설립되면 이들 사이에서 경쟁이 벌어져 수수료가 더 내려갈 것입니다. 비트코인 결제를 사용하는 무역업자는 경쟁상 유리한 위치에 설 것이므로 다른 업자들도 비트코인을 도입할 수밖에 없기 때문입니다. 또 수출업자로서는 수출 대금을 곧바로 회수할 수 있다는 이점도 크기 때문이죠.

이용자가 확대되면 관련 서비스도 다수 탄생할 것입니다. 상대가 개인이 아니라 거액의 자금을 움직이는 기업이므로 이런 서비스가 비즈니스로 성립할수 있습니다. 무역업에 특화된 환전 서비스도 등장할지 모릅니다. 그리고 거액을 송금할 때 유리하도록 수수료 체계를 조정한 가상통화도 등장할 것입니다.

또 현실화폐와 비트코인의 교환 비율이 변동하는 리스크를 헤지하기 위한 선물 거래도 시작될 것입니다. 사실 개인은 즉 수수료에 그다지 민감하지 않습니다. 더 좋은 방법이 있는 줄 알면서도 귀

찮다는 이유로 또는 새로운 것에 적응하기가 어렵다는 이유로 기존
의 방식을 바꾸지 않는 경우가 더 많기 때문입니다.

개인과 기업이 비트코인 수수료를 대하는 자세

예를 들어, 분명히 온라인 거래를 할때 100원을 할인해주는 카
드가 옆에 있는데도 대부분의 개인들은 ACTIVE-X를 다시 깔고
입력해야한다는 이유로 그렇게 하지 않습니다.

하지만 이윤추구가 목적인 기업은 쓸데없이 나가는 비용에 굉
장히 민감합니다. 특히나 보고를 하며 성과까지 내야하는 중간 관
리자들의 경우 이러한 비용 절감 하나하나가 자신에게는 성과가
되어 돌아오기에 비용을 줄이는 방법을 찾는 것에 혈안이 되어있
습니다.

이러한 변화는 기존의 금융업계에 심각한 영향을 미치는 것
이죠. 블록체인이라는 기술을 통해서 기존의 은행을 통해서 거래
가 되던 업무들이 이제는 은행을 제외하고 개인으로 거래 가능하
기 때문입니다.

즉, 기존 은행들의 외국환 업무가 완전히 없어진다는 것입니다.
기존의 외국환에 대한 수수료는 적게는 3%에서 많게는 10%까지

다양했는데 한해 해외 매출이 1억인 기업을 10군데 가지고 있는 은행의 경우 외국환에 대한 1년 매출이 1억이 줄어드는 것입니다.

이러한 변화가 그렇게 빨리 일어날거 같냐고 의문을 가지는 이들이 있는데, 실제로 현재 카카오 택시의 등장으로 기존의 택시 콜센터에서 근무하던 수많은 직원들이 일자리를 잃었습다. 한번은 택시를 타고 가다가 기사에게 물었습니다.

"기사님, 카카오 택시가 생겨난 이후 콜택시 비율이 어떻게 변화되었나요?"

그러자 기사님을 이렇게 말했습니다.

"이전에는 80%가 콜택시였는데, 이제는 손님의 80%가 카카오네요."

이 이야기를 들으면서 아직 택시 콜센터에서 일하면서 미래가 불안하다는 오래 전 친구가 생각났습니다. 미래는 준비하는 사람의 것이라고 많은 분들이 그랬습니다. 비트코인도 마찬가지가 아닐까 합니다. 미래를 충분히 알고 나서 이를 활용하는것과 알지도 모른채 무작정 비난하는 것은 차이가 있다고 생각합니다.

비트코인은 분명 기존화폐에 영향을 미치고 있고 이러한 기존화폐와의 차이에대해서 인식하지 못할 경우 맞이하게 될 미래는 생각보다 더 커질 것이라는 것입니다. 이를 명심하기 바랍니다.

제2장
비트코인 투자 전에 꼭 알아야 할 5가지

2-1 비트코인은 얼마나 발행이 되었나요?

　　이번에는 비트코인 이더리움, 이더리움 클래식을 각각 얼마나 발행 되었는지 알아보도록 하겠습니다. 왜 갑자기 화폐 발행양 이야기를 꺼낼까요? 그리고 이게 왜 중요할까요? 시중에 돌고 있는 화폐에 대해서 조금이라도 관심을 가졌다면 화폐의 발행량이 가지는 가치는 굉장히 중요한 의미를 지닌다는 것을 알 수 있습니다.

왜 통화 발행량이 중요할까?

화폐 발행량에 대해서 이해하기 위해서는 금본위제도를 먼저 알고 있어야 합니다. 금본위 제도란 시중에서 통용되고 있는 금의 중량에 화폐를 연결하는 제도입니다. 미국은 1944년 브레턴우즈 체제를 통해 1온스의 금을 35달러로 정하는 금본위제를 시작했습니다. 달러와 금을 교환하기 시작한 것이었죠. 미국의 달러가 세계 기축통화가 되는 순간이었습니다.

하지만 미국의 베트남 전쟁 참가로 달러 가치가 하락하자 각국에서 기존의 달러를 다시 금으로 바꿔달라는 요구가 많아졌습니다. 갑자기 금 보유고가 크게 떨어진 미국은 돈을 찍어내려면 금이 더 필요했지만 꼭꼭 숨겨진 금을 확보하기 힘들어졌습니다. 그러자 닉슨대통령은 달러를 더 찍어내기 위해 일방적으로 금과 달러의 일대일 교환가치인 금태환제를 철폐하겠다고 결정했습니다.

즉, 지금까지는 지구상에 존재하는 금의 양을 대비로 적당량의 화폐를 발행했지만 이제는 그러한 것과 관계없이 화폐발행국에서 화폐를 마구 찍어낼 수 있다는 것이죠. 금이라는 것은 지구에 한정되어 있기에 화폐의 가치가 얼마나 될지 예측할 수 있었지만 이렇게 발행국에서 찍어낼 경우 화폐 가치를 예측할 수 없게 된다는 것입니다. 이때부터 쭉 화폐가치는 점점 떨어지게 되었고, 화폐발행국은 자신들이 원할때마다 화폐를 마구 찍어내기 시작합니다. 그러자 화폐 재산을 가진 이들은 중앙정부에 의해서도 가치가 떨어지지 않는 부동산이나 금으로 자산을 바꾸기 시작했습니다. 비트코인을 만든 사토시라는 인물도 이러한 화폐가치의 하락 때문에 화폐를 만들었다는 이야기가 있습니다.

비트코인의 총 발행량은?

비트코인의 발행량은 총 2,100만 BTC 입니다. 이러한 비트코인은 코인은 블록을 생성한 채굴자들에게 보상으로 지급되며 일정한 규칙에 따라서 지급이 되는 형태입니다.

2009년 최초로 발행이 시작되어 초기에는 10분에 50코인씩 발행이되었고 최초 4년동안 1,200만 BTC가 발생이 되었습니다. 비트코인은 매 4년마다 통화 공급량이 줄어들게 되어 있습니다. 그리고 2050년에 통화량 증가가 중지되도록 설계되어 있습니다. 아마 이대로 진행된다면 2050년에는 총 2100만개의 비트코인이 유통될 것입니다. 그러니 기존화폐 국가에서 마구잡이로 양적완화를 하면서 늘렸던 화폐에 대해서 불신을 가지고 있던 이들에게 발행량이 한정되어 있는 비트코인과 다른 코인들이 매력적으로 다가올 수 밖에 없는 것입니다. 추가로 비트코인과 함께 앞으로 주목받을 암호화화폐인 이더리움과 리플을 살펴보도록 하겠습니다.

이더리움 : 이더리움은 비트코인처럼 채굴을 통해 얻을 수 있는 코인이지만 비트코인에 비해 연간 발행량에 제한이 없습니다. 최초로 발행된 60,000,000 (6000만)개의 코인뿐만 아니라 이에 추가로 매년 15,000,000 (1500만)개의 코인을 발행할 수 있기 때문에 4년마다 반감기를 갖는 비트코인과는 발행량의 차이가 있습니다. 이더리움의 경우 현재 약 9,200만개 정도 발행이 되었습니다.

리플 : 리플의 발행가능수는 100,000,000,000,000(1천억) XRP로 제한되어 있습니다. 비트코인과 비슷하죠. 현재는 이중 38% 가량 발행되어 있는 상태입니다. 리플은 총 발행 가능수를 제한하고 있다고는 하나 다른 대부분의 전자 화폐와 달리 발행형 코인, 즉 중앙에서 발행 수량을 조절할 수 있는 코인에 해당합니다.

즉, 금태환제도 이전의 금에 비율에 따라 화폐를 발행하는 등의 비율과 같은것이죠. 리플은 비트코인이나 이더리움과 달리 채굴을 통해 얻을 수 있는 것이 아니라 리플랩스에서 이미 모든 것을 발행을 해놓고 판매하는 방식이라 할 수 있습니다.

그렇기 때문에 리플을 발행하고 있는 리플랩스 회사가 통화량을 통제할 수 있으며 언제든지 제한할 수 있는 가능성이 있습니다. 그리고 리플의 경우 리플코인을 활용하여 서비스를 이용하게 될 때 그 수수료로 리플코인이 차감되도록 설정해 두었습니다.

이렇게 차감된 수수료는 영원히 소멸되는 것이기에 사람들이 많이 이용하면 이용할수록 리플의 총 발행량은 점차 줄어들게 될 것입니다. 그래서 시간이 지날수록 리플코인의 개수가 줄어들고 오히려 가치가 높아지는 것을 노리는 것입니다. 비트코인이나 이더리움과는 차별화되는 점입니다.

2-2 비트코인 채굴은 어떻게 하나요?

비트코인 채굴에 대해서 알아볼때는 여러가지 방법이 있는데 가장 공식적이 방법은 세계에서 공용되는 블락체인인포(https://blockchain.info/)라는 사이트를 살펴보는 것입니다.

이곳은 전세계 비트코인을 체굴하는 회사들이 전부 모여있는 곳으로 비트코인을 채굴하는 곳이라면 이곳에서 확인이 되는 것입니다. '그럼 이곳에서 검색이 되지 않는다고 해서 존재하지 않는 회사인가?'라는 의문이 들 수 있지만 개인이 채굴하는 것이나 소

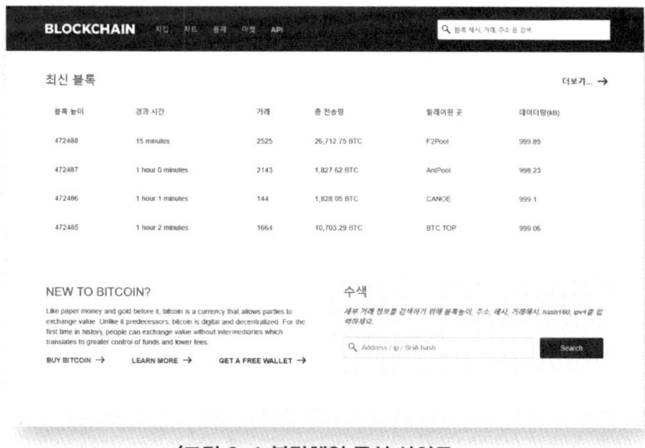

〈그림 2-1 블락체인 공식 사이트

규모나 간헐적으로 채굴되는 회사는 검색이 되지 않는 경우도 있습니다.

비트코인 채굴을 위해서는 무엇이 필요한가요?

어떻게 비트코인을 채굴하느냐에 대해서 알아보기 전에 비트코인 채굴을 위해서는 무엇이 어떤 장비가 필요한지와 방법을 알아보도록 하겠습니다.

우선 비트코인을 채굴하기 위해서는 CPU, 메인보드, GPU, 파워 RAM 라이져, Switch등이 필요합니다. 일반컴퓨터와 똑같지 않냐고요? 네 컴퓨터가 작동되기 위한 최소한의 부품은 거의 같습니다만 채굴기는 일반 컴퓨터 본채가 아니기에 조립 순서와 방법이 다릅니다. CPU 위에 쿨러를 놓고, RAM을 꼽습니다. 그리고 POWER를 꼽은 후에 SSD에 SATA를 입력하고 마지막으로 ON/OFF를 할 수 있는 스위치를 연결하면 끝이납니다. 하드웨어적인 것은 컴퓨터를 만드는 것보다 쉽다고 생각하면 됩니다.

또한 소프트웨어적인 면에서도 윈도우 10이나 윈도우 7이나 크게 상관이 없습니다. 다만 윈도우 7이 사용하기 편한 분들이 많으셔서 윈도우 7으로 셋-업을 주로 요청하고는 합니다. CPU스카이레이크 제품은 일반 윈도우7 호환이 되지 않으므로 패치된 윈도우 7으로 설치해야 합니다.

윈도우 설치시 바이오스 화면에 들어간 뒤 부팅 우선순위에서 USB로 변경 후 이후 윈도우를 설치합니다. 설치시 64Bit home premium K 설치 해야하는데 이는 마이너에서는 64bit 요구하기 때문입니다. 설치 후 메인보드, CPU, 그래픽카드, 랜카드 등의 드라이버를 잡아줍니다. 마지막으로 Bios 세팅에서 그래픽 세팅인 GEN1 세팅과 AMD 와 RADEON 를 설치해줍니다.

〈2-2 비트코인 채굴기〉

소프트웨어 : http://support.amd.com/ko-kr/download/
desktop?os=Windows+7+-+64

NVIDIA소프트웨어 : http://www.nvidia.co.kr/Download/
index.aspx?lang=kr

PRO4V : http://www.asrock.com/mb/Intel/B150M%20
Pro4V/?cat=Download&os=Win764

이렇게 마이너 설치 실습이 끝이 나면 마이닝 풀 설정을 합니다.

마이닝 풀이란채굴에 대한 속도조절을 해줄 수 있는 프로그램으로 이를 통해서 채굴에 대한 컨트롤을 할 수 있습니다. 마이닝풀 안에서는 모든 잔고, 자동환전, 대시보드, 지갑, 마이너 그리고 거래 내역들이 한 번에 확인이 가능합니다.

이보다 자세한 채굴기 설치 및 세팅에 대한 이론 및 실습은 네이버 카페 "전매카(전자화폐매니아카페, http://cafe.naver.com/chosungtun001)에서 열리는 채굴기 실습을 통해서 직접 실습을 할 수 있습니다.

대륙의 힘, 중국은 어떻게 채굴을 할까?

대륙의 힘, 중국에서는 과연 어떤식으로 채굴을 할까? 채굴하는 분들을 만나 볼 때면 항상 듣는 고민은 두 가지입니다.

첫째, 그래픽 카드를 제때에 받는 것과 전력비를 줄이는 것.
둘째, 인건비를 줄이는 것

중국에 한 채굴업체는 이 두가지 문제를 해결하기 위해 아예 전력공급 시설까지 직접 만들어서 채굴에 드는 전력비를 낮춰버렸습니다. 얼마전 방송을 통해 공개되었던 haobtc라는 시설입니다.

〈그림 2-2 산속에 위치한 중국 채굴장〉

〈그림 2-3 중국의 채굴공장 내부모습〉

또한 시설의 위치도 티베트의 산골마을이라 마을 청년 10명을 고용하는데 약 100만원의 비용밖에 들지않고, 수력에 의한 낮은 전력비용을 활용하기에 여러가지로 도움을 받고 있습니다.

또한, 중국은 채굴 산업에 아직 매우 느슨한 법을 가지고 있어 약간의 규제만 지키면 이러한 데이터 시설을 만들 수 있다고합니다.

이 시설의 관계자는 방문자들을 위해 haobtc의 시설을 개방, 유지하고 있으며 투명한 채굴작업을 유지하고 있다고 말했습니다. 수력에의한 낮은 전력, 티베트의 낮은인건비와 낮은 유지보수비등 채굴환경도 최고에 조건인 것이죠.

이 회사는 이외에도 비트코인 채굴을 위해 저렴한 전력비용을 공급 장소를 찾고 있습니다. 아이슬란드, 워싱턴주, 조지아 같은 곳이 후보군 입니다. 하지만 아직까지 가장 수익성이 있는것은 쓰촨산입니다.

이 회사는 캉딩의 도시근처에 새로운 광산시설을 공사중이며 이시설은 광산의 하드웨어의 연료로 수력발전을 사용하고 있습니다. 이것은 이회사에게 저렴한 전력을 사용할 수 있는 기회를 제공합니다. Haibtc의 최고 마케팅 책임자인 에릭뮤는 초기에 수력발전소를 건설하는 데는 많은 비용이 들지만, 그후에는 유지비가 많이 들지 않으며 저렴하게 전기를 사용할 수 있는 것입니다. 그

래서 그들은 낮은 비율로 이러한 전기 구입을 원하는 사람들에게

전력도 판매하며 일석이조의 수익을 얻고 있습니다.

비트코인의 모든 것

"비트코인의 가격은 어떻게 정해지나요?"

비트코인에 대해서 궁금해하시는 분들이 가장 많이 묻는 질문 중에 하나입니다. 이를 이해하기 위해서는 단순 비트코인만 알아서는 절대 이해되지 않는 부분이 있습니다.

때문에 지금까지의 화폐는 어떻게 생겨났고 이를 통해 어떤 결과가 나왔냐를 정확히 파악해야 지금의 비트코인 가격이 어떻게 정해지는지를 알 수 있습니다.

우선, 금본위제를 시작으로 다양한 화폐 시스템의 변천사에 대해서 알아야 합니다. 비트코인은 실제로 금과 화폐의 일대일 비율이었던 중세의 금본위제에 가깝습니다. 이때문에 비트코인을 '중세로의 회귀'라고 부르는 이들도 있습니다.

즉, 중앙정부에 의해서 비트코인의 가격이 정해지는 것이 아니라 오직 사용자와 판매자에 의해서 가격이 정해진다는 것입니다. 비트코인의 가격이 정해지는 이유는 다음 세가지 입니다.

1) 비트코인 채굴량의 한계

2) 비트코인 사용처의 증가

3) 비트코인 이외의 다른 통화의 증가

1) 비트코인 채굴량의 한계

계속해서 이야기 했듯 비트코인은 금처럼 2,100만비트라는 채굴량에 한계를 가지고 있습니다. 발행양의 한계가 없다는 것이 지금까지 화폐에 비해 가장 큰 장점이자 단점으로 이야기 되었습니다. 시장에 통화량이 많아지는 인플레이션, 반대로 통화공급량을 줄이는 디플레이션 상황을 정부가 강제로 만들어 낼 수 있었던 것입니다.

하지만 암호화 화폐 시장에서처럼 비트코인의 가치를 정부 개입으로 조정되는것이 아니라 공급자와 수요자들의 심리와 욕구에 의해서 결정되는 것입니다.

2) 비트코인을 돈으로 인정하는 개인 가게의 증가

비트코인을 받는 곳이 점점 증가하고 있는 것 또한 비트코인의 가격을 결정하는 주요한 이유입니다. 비트코인을 받는 곳을 알고 싶다면 비트코인을 활용할 수 있는 가게들의 주소를 모아둔 코인맵(http://Coinmap.org)을 검색해 보는 것이 가장 빠릅니다.

2017년 약 9천개가 넘는 곳의 미국 그리고 약 50여개의 한국 점포에서 직간접적으로 비트코인을 받고 있습니다. 특히나 미국의 경우 배달음식 고객들이 비트코인과 이더리움을 많이 사용하는데 고객이 온라인에서 배달주문을 누르고 비트코인으로 결제를 할 수 있는 시스템까지 갖추어져 있는 상태입니다.

3) 비트코인 이외의 다른통화의 증가

알트코인이라는 단어가 있습니다. 이는 비트코인을 제외한 나머지 코인을 지칭하는데 여기서도 메이저 코인과 마이너 코인으로 나누어집니다.

메이저 코인중에 가장 주목받고 있는 코인은 이더리움, 라이트코인, 리플코인입니다. 이중에서 비트코인을 바짝 따라오고 있는 이더리움은 지난 몇 년 동안 비트코인의 기술과 명성을 지켜보고 있다가 뒤늦게 암호화화폐 시장에 뛰어들었지만 비트코인이 걸어온 길을 단숨에 따라온 코인입니다.

특히나 이더리움은 ICO(Initial Coin Offering)라는 방법을 활용해 단숨에 성장한 회사로 블록체인 기반의 프로젝트를 시작하기 위해서 이 프로젝트가 발행하는 암호화화폐인 이더리움을 투자자들에게 주면서 약 200억 원 이상의 투자금을 유치했고 당시 이더리움이 발행한 코인의 시가총액은 5조을 넘어서고 있어 이슈가 되기도 했습니다.

이외에도 비트코인 이후의 이더리움과 같은 유사코인 종류가 700종 이상이 등장해 비트코인이 이상의 기술력을 발휘하고 있습니다. 또한 비트코인 몇번의 급등으로 접급성이 어려워지자 많은 투자자들이 ICO라는 장외거래를 통해서 새로운 투자처를 찾게 되었고 비트코인보다 더 좋은 코인이 나타나면 비트코인에 있던 비용은 다른 곳으로 이동하는 현상이 발생하고 있습니다.

2-4 비트코인 구매냐 vs 채굴이냐

"비트코인은 죽은 것과 마찬가지다."

비트코인 초창기 개발 멤버 마이크한은 2016년 한 잡지와의 인터뷰에서 이렇게 말했습니다. 비트코인 개발자가 비트코인에 대해서 이렇게 비관적으로 이야기한것 에는 이유가 있습니다.

바로 비트코인이 가장 처음 나온 암호화 화폐라 이에 대한 어느정도 상징성이 있을지는 몰라도 개발이나 변화에 있어서는 다른 것들에 비해서 제한이 많기 때문입니다. 앞으로 발전 가능성이 크지 않은 비트코인을 지금과 같이 올라간 가격(2017년 12월 기준 약 2400만원)으로 구매를 해서 트레이딩을 하면서 기다리느냐 아니면 비트코인 뒤에 있는 기술을 정확히 이해해 다른 알트코인에 투자하느냐는 본인의 선택에 달려있습니다.

계속해서 말하지만 한분야에 들어가서 성과를 내기 위해서는 우선 공부를 철저하게 하고 난뒤에 본인의 의지대로 구매하는 것이 가장 중요한 포인트입니다. 비트코인의 핵심이 되는 블락체인 기술은 다음장에서 이야기 하도록 하겠습니다.

비트코인 채굴을 하는 세 가지 방법

비트코인에서 트레이딩 이외의 대안은 채굴을 하는방법입니다. 그런데 이또한 어떻게 채굴을 하는지 모르는 이들이 대부분이기에 트레이딩으로 돈을 벌고 있는 이들의 방법을 세가지 확인해보도록 하겠습니다.

1. 직접 채굴기를 구입해서 돌리는 방법

6way기준 300만원내외(17년 5월말기준). 채굴에 맞게 부품을 구해달라고 하면 조립 업체에서 원격으로 사용할 수 있도록 설정을 해줍니다. 조립식 컴퓨터를 구매하면 엑셀 및 다양한 소프트웨어까지 설치해주는 것처럼 그대로 전원을 누르기만 하면 사용 가능한 상태가 되는것이죠.

마이닝을 시작하고 모니터링이나 이런 저런 설정을 변경하고 싶은 경우 핸드폰으로 원격 접속해서 바꿀 수 있도록 해줍니다. 단점으로는 컴퓨터 설치를 할 줄 모르면 윈도우를 지웠다 다시 재설치하는 데만 해도 기사출장비에 설치비를 3만원을 내야하듯 기본적인것 또한 비용을 줄이기 위해서 스스로 해야하는 단점이 있습니다.

2. 클라우드 마이닝 서비스 사용

코인을 채굴 할 수 있는 해쉬라는 것을 매일 구매해 일정량의 채굴을 할 수 있는 방법입니다. 가장 편하게 채굴을 할 수 있지만 직접 채굴기를 구입하는 것과 비교해서 금액대비 사양이 떨어진다는 것이며 새로운 파트너를 계속해서 늘려나가지 못하면 원금회수가 거의 불가능하다는 것입니다. 또 해쉬로 인해 채굴한 수량이 진짜 채굴량이 아닌 경우도 꽤 많습니다.

3. 위탁 업체에서 채굴기 구입 후 위탁 운영

업체마다 차이는 있습니다만 위탁업체에서 채굴기까지 구입을 해야 한다는 업체도 있고 채굴기를 가져오면 위탁 운영해준다는 업체도 있습니다. 물론 전기 사용료, 유지 보수비 등에서 차이는 있습니다.

채굴기 가격은 직접 채굴기를 구입하는 것 보다 조금 더 나가는 편이긴 합니다만 시간과 유통망을 생각했을때는 감수할만 하며 보통 전기세 및 유지보수비 명목으로 받는 금액도 월 10~15만원입니다. 하지만 최근에는 전기세 및 유지보수비를 채굴업체에서 내는 경우도 꽤 많이 생겨났습니다.

위탁 업체에서 채굴기 구입후 운영하는 세번째 방법으로 채굴에 참여할때 알아봐야 하는것은 다음 세가지는 꼭 확인후 진행하시기 바랍니다.

1. 수익배분은 어떻게 하는가

2. 전기세, 임대료는 누가내는가

3. 내가 24시간 확인할 수 있는가

제3장

비트코인 오해 4가지

3-1 블록체인이란거 알아서 뭐하나요?

　블록체인을 쉽게 설명하려면 초등학생도 한마디로 이해할 수 있도록 한없이 쉽게, 하지만 어렵게 설명하려면 박사들조차도 헷갈리도록 할 수 있습니다.

　먼저 쉽게 설명해보자면 모든 비트코인의 10분 간의 거래 내역이 들어가 있는 것이 블록입니다. 그리고 이 블록이 계속 연결되어 있는 것을 블록체인이라 합니다. 최초로 비트코인이 생겨났을 때부터 바로 지금 이 순간까지의 네트워크에서 발생한 모든 코인의 전송내역이 블록으로 만들어지고 또 이것이 계속 이어진 블록체인으로 존재하게 되는데 이 블록체인이 전세계 모든 사용자의 컴퓨터에 자동으로 저장됩니다.

비트코인 지갑 프로그램을 설치하면 제일 먼저 블록체인이라는 것을 P2P네트워크를 통해 다른 PC에서 가져오게 됩니다. 블록체인에는 비트코인이 생겨났을 때부터 모든 거래기록이 저장되어 있는 것이죠. 2017년 현재 텍스트로만 약 120Giga라고 하니 얼마나 어마어마한 양의 텍스트가 있는지 짐작이 갈거라 생각합니다.

아! 다음으로 넘어가기 전에 2016년 한국은행에서 내린 블록체인을 정의를 알아보도록 하겠습니다.

"블록체인이란 분산원장(Distributed Ledger)기술은 거래정보를 기록한 원장을 특정 기관의 중앙서버가 아닌 P2P(Peer - to Peer) 네트워크 분산하여 참가자가 공동으로 기록하고 관리하는 기술을 말하는 것입니다."

블록체인이 가지는 의미는 무엇일까요?

내가 A라 비트코인 지갑을 가지고 있다고 해봅시다. 비트코인 프로그램은 블록체인이라는 것을 통해 내가 얼마를 가지고 있는지 확인하게 되고 다른 사용자에 의해 비트코인이 불법 복사되는 것을 방지하는 역할을 하는 것이죠. 이러한 블록체인은 다음과 같은 세 가지의 중요한 의미를 가집니다.

첫째, 블록체인을 통해 자신이 얼마를 가지고 있는지 확인할 수 있습니다. 블록체인은 앞에서 이야기 했듯 비트코인이 처음 생겨났을 때부터의 모든 이체기록의 모음입니다.

이 기록들을 통해 내가 지금 얼마를 받았는지 얼마를 썼는지 그래서 지금은 얼마가 남았는지를 모두 확인할 수 있고 지금 나의 잔고가 얼마인지 앞으로 얼마나 쓸 수 있는 잔고가 있는지 은행 홈페이지가 아닌 거래기록을 통해 알 수 있는 것입니다.

둘째, 블록체인은 사용자들의 이중지불을 방지합니다. 블록체인에는 모든 거래내역이 담겨 였습니다. 그런데 만약 내가 1BTC를 다른 사람에게 보냈는데 안 보낸 척하고 다른 곳에 또 1BTC를 보내면 두 번째 보낸 1BTC는 다른곳에서 거절 당합니다.

이미 1BTC를 사용 했다고 다른 모든 사용자들의 PC에 들어였는데 똑같은 1 BTC를 또 사용하면 거짓이 라고 판단하는 거죠. 비트코인은 이 블록체인을 모든 PC가 공유함으로써 비트코인의 안정성을 높입니다. 기존의 은행 역할을 비트코인이 대신하는 것입니다.

셋째, 블록체인 자체가 보안입니다. 블록체인이란 방금전 10분 간의거래 내역들이 연결된 고리들입니다. 이 연결고리들은 단단하게 연결되어 였어서 중간의 블록을 바꿔치기하는 것이 불가능합니다. 만약 1일 전의 거래내역을 변조하고 싶다면 지금 현재부터 지난 10분간씩의 블록들을 차례대로 변조해야 합니다. 24시간이면 10분이 144개이므로 144개의블록을 변조해야 하는데 거의 불가능에 가깝습니다.

마지막으로 이러한 기존의 블록을 변조하려면 다음 세 가지 조건을 만족해야 합니다. 첫째, 마지막 10분간의 블록을 새롭게 생성하되 블록의 길이가 더 길고 안정적이어 야 합니다.

둘째, 변조하려는 측의 컴퓨팅 파워가 비트코인 네트워크 전체 컴퓨팅 파워의 50%를 초과해야 합니다. 첫째와 둘째가 비슷한 말입니다. 컴퓨팅 파워가 더 높을수록 블록의 길이가 더 길고 안정적으로 나오기 때문입니다.

셋째, 변조한 후에 이 블록을 계속 유지하기 위해 컴퓨팅 파워를 계속 유지시켜야 합니다. 유지를 중단하면 곧 다른 정상적인 블록체인에 의해 변조된 블록체인은 무효화 처리됩니다.

이렇게 변조를 해서 얻는 이득은 최종 10분간의 거래내역입니다. 기껏해야 마지막 10분간의 전송에서 한 번 더 보내는 이득밖에 없는 거죠. 이마저도 계속 유지 못 해주면 취소 되어버립니다.

마지막 10분간의 기록 변조도 어렵지만 더 힘든 것은 그 이전 10분간의 내역 변조입니다. 비트코인 블록의 해시알고리즘은 역추적으로 들어갈 경우 기하학적으로 증가하는 연산 능력이 필요합니다. 한마디로 불가능에 가깝다는 의미입니다. 현재로서는 비트코인의 블록체인을 변조해서 얻을 수 있는 이익도 변조할 수 있는 컴퓨팅 파워를 갖추는 것도 이를 계속 유지하는 것도 일개 개인이나 단체가 하는 것은 불가능에 가깝다는 것입니다.

그럼 이러한 유용한 장치인 블록체인을 통해서 할 수 있는 일이 비트코인을 지키는 일 외에도 더 있지 않을까요? 다음장에서 계속 알아보도록 하겠습니다.

얼마전 일어난 일입니다. 오랜만에 만난 친구들과 식사를 하고 나오는데 친구가 내게 자동송금 가능한 Toss앱을 스마트폰에 깔았냐고 물었습니다. 없다고 말했는데 그친구는 아직도 Toss를 안 깔았냐고 구박 아닌 구박을 주더군요. 그때 처음 토스라는 프로그램을 알게 되었고, 그이후로 Toss라는 프로그램이 어떻게 작동 되는지 알게 되었습니다.

〈그림 3-1 비트코인 지갑이 새겨진 옷〉

처음에 이러한 송금계좌 앱이 나왔을때 다들 불편해했습니다. 굳이 앱을 한번 더 깔고 계좌를 입력해야 하느냐고 말하면서 말이죠. 그런데 말이죠. 한번 TOSS라는 프로그램을 사용해본 사람들은 그 이후에 계속해서 이 TOSS를 사용해서 사람들에게 송금하기 시작했습니다. 세상 편했기 때문입니다. 비트코인도 이처럼 실생활에서 서로의 지갑을 자연스럽게 확인할 날이 얼마 남지 않았습니다.

블록체인 기술이란

비트코인은 블록체인을 부르는 대명사로 생각하면 됩니다. 즉 비트코인이 가져오는 변화는 모두 그뒤에 숨어있는 블록체인이라는 기술이 바탕이되는 것으로 당장은 비트코인의 수수료, 보완이 실생활에 변화를 주겠지만 크게는 블록체인이 주는 변화를 지켜봐야 합니다.

비트코인이 개인과 기업에게 새롭게 주목받는 이유는 바로 이체수수료 때문입니다. 저도 그런 경험이 있었습니다. 중국에 천만원어치 제품을 하나 주문할 일이 있었습니다. 상대가 페이팔 계정이 없다고 하여 은행에 가서 전신환으로 보내야 했습니다. 천만원의 돈을 이체하는데 3만원의 수수료가 나오더군요. 생각보다 수수료가 너무 많이 나와 은행을 나오면서 이런생각을 했습니다.

'아직도... 은행에 이렇게 수수료를 내는 방법 밖에 없는건가?'

물론 은행이 있기에 생전 얼굴도 모르는 이들과 안전하게 거래를 하는것에 대해서는 이해합니다만, 이미 거래의 안전이 확보된 분들하고도 이렇게 계속해서 수수료를 내는것은 무엇인가 문제가 있다고 느껴졌습니다.

한국에서 이런 수수료가 중요한 이유는 한국은 무역의존도 (degree of dependence upon foreign trade)가 40%이상을 넘어가고 있기 때문입니다. 즉 우리나라 경제를 밑받침 하고 있는 10명의 사람중 4명이 무역에 종사하고 수수료가 직간접적으로 영향을 받고 있다는 것입니다. 그러다 보니 무역시 발생하는 거래수수에 민감할 수 밖에 없습니다.

실제로 비트코인을 가장 빨리 접했던 사람들 중에 한무리가 해외에서 숙박업 종사자들이었는데 숙박객들이 자국에서 숙박비를 계산하는 동안 환율 차아로 손해를 보는 일이 많았기 때문입니다. 또한 얼마전 중국의 최대 거래 사이트인 바이두는 고객 누구든 비트코인으로 결제가 가능하도록 했습니다.

아직 비트코인의 가치가 계속해서 상승하고 있기에 온/오프라인에서 비트코인으로 결제하는 이들은 많이 없을지라도 계속해서 가격이 안정된다면 많은 이들이 비트코인으로 결제 가능할 때가 오리라 생각합니다. 이뿐만이 아닙니다. 크게는 다음 두 가지 분야에서 직업과 사업의 변화를 가져올거라 예상하고 있습니다.

첫째, 금융구조의 변화

기존 중앙화된 금융구조가 분산원장을 기반으로 효율성과 비용절감이 되는방향으로 금융의 커다란 변화가 일어날 것으로 보입니다. 가깝게는 개인들끼리 더이상 은행을 통하지 않고 거래가 가능해지며 나라끼리도 환율의 손해 없이 서로 이익이 되는 거래가 가능해지는 것입니다.

둘째, 암호화화폐의 확산

블록체인 기술이 적용된 비트코인의 성공적인 안착으로 이어질 1,000개의 화패가 전자상거래 또는 일반상점에서 화폐 기능을 가지고 실질적인 화폐로서 전세계 화폐를 없앨 예정입니다. 마지막으로 기존의 생태계변화입니다.

현재 중앙집중화된 각종 기계들은 IOT(사물인터넷)와 블록체인 기술을 바탕으로 분산화 자동관리화 수평 생태계로 전환이 될 것입니다. 즉, 이러한 변화는 기존 직업군을 없애면서 새로운 직업군을 많이 만들어낼 것입니다. 이미 비트코인 전문가, 블록체인 전문가들이 하루에도 수십명씩 태어나고 있으며, 길거리의 은행들은 통폐합 되어 일자리를 잃는 것은 누구나 알고 있는 사실입니다.

이 책을 읽는 여러분의 일자리는 안전하신가요?

3-3 비트코인은 어떤 문제가 있나요?

비트코인을 문제로 생각하는 이유는 다음 네 가지 입니다.

첫째, 비트코인 가치 불안정성

둘째, 해킹 가능성의 위협

셋째, 자산 보증이 없음

넷째, 관리자 불분명

비트코인의 문제점 1 : 가치 불안정성

이처럼 비트코인은 보안의 문제를 해결하면서 온라인상에서 디지털머니를 주고받을 수 있는 기술적 돌파를 이루어내었습니다. 그러나 현실에 있어서 비트코인이 급속히 확산되지는 못하고 있으며 이에 대한 거부감도 상당합니다. 비트코인의 문제점은 무엇일까요?

흔히들 지적하는 첫번째는 가치가 불안정하다는 것입니다. 비트코인을 투기대상으로 삼는 사람도 많고 거래소가 불안하다는 소식이 전해지면 가치가 곤두박질치기도 합니다.

달러로 평가한 비트코인의 가격이 이렇게 오르락내리락 한다면 확실히 가치의 저장이라는 화폐의 본질 중 하나가 훼손되기 때문입니다. 그러나 이것은 유통량이 없기에 생기는 문제이기에 비트코인이 점차 확산되면 일부의 투기세력으로 시세를 조작하기는 어려워질 것입니다.

그러니까 가치의 안정과 화폐로서 비트코인의 지위는 서로 맞물려 있는 것으로 서로 뗄레야 뗄 수 없는 관계입니다. 그리고 달러나 엔과 같은 화폐도 실제로는 가치가 계속 변동합니다. 현대의 변동환율제하에 모든 화폐는 수요와 공급에 따라서 가격이 변동하는 것이고 투기에 노출되어 있습니다. 그러므로 이것이 반드시 비트코인의 문제라고 볼 수는 없습니다.

비트코인의 문제점 2 : 개인 지갑 및 거래소 해킹 가능성

둘째, 블록체인이 아닌 개인지갑 또는 거래소가 공격을 당할 수 있습니다. 실제로 2016년 블록체인을 활용한 투자를 진행했던 DAO라는 펀딩앱은 전자지갑을 해킹당해 약 6,000만달러를 암화화 화폐를 손해보기도 했습니다. 또한 국내 거래소 중 한군데였던 야피존의 경우 서버관리 문제로 44억의 피해를 입기도 했습니다. 블록체인은 보안에 강할 수 있어도 이를 활용하는 지갑이나 거래소는 아직까지 불안정하다는 뜻이죠.

비트코인의 문제점 3 : 자산보증이 없음

셋째, 아직 비트코인은 자산 보증이 없다는 것입니다.

금이 자산이 될 수 있는 것은 사람들 간에 그렇게 하자는 암묵적인 약속 또는 서로간의 머릿속에 있는 가치의 교환에 기반을 두었기 때문입니다. 즉 사람들 사이의 암묵적인 약속과 정부의 지불 명령에 의해 받아들여지는 것입니다.

하지만 아직 비트코인은 그러한 암묵적인 약속이 공식화 되지 않았으며 세금을 부과하지도 않기에 정부에서 자산 보증을 하지 않고 있는 실정입니다.

비트코인의 문제점 4 : 관리자 불분명

넷째, 비트코인은 중앙은행등 믿을 수 있는 기관에 의해서 관리되지 않는다는 것입니다. 이것이 기존의 화폐와는 가장 다른 비트코인의 장점이자 단점입니다. 현재의 화폐 시스템은 중앙은행은 통화량을 시장 상황에 맞게 조절한다는 단점도 있지만 이를 통해 이익을 많이 보는 쪽이 많아지도록 최대한 찾아냅니다.

비트코인은 여러가지 문제도 있는데 착오로 더많은 돈을 지불했을 경우에는 되돌릴 방법이 없다는 것입니다. 블록체인 기술 자체가 한 번 승인된 거래는 취소되지 않도록 설계되어 있기 때문입니다. 즉 오류 발생시 이를 서포트해줄 중앙관리자가 없습니다.

또한 만약 기술적인 문제가 생겼을 경우 이를 해결하기 위한 공식적인 절차가 없습니다. 즉, 누군가 내 돈을 가져가서 문제가 생겼는데 이를 호소할 곳도 해결해줄 곳도 없다는 것입니다.

지금의 지불준비금 제도는 어떻게 변할까

오래전 런던의 금세공장들이 상인들의 금을 맡아주는 댓가로 신용장을 발급해주었습니다. 그런데 많은 이들이 금을 맡겨놓고 보니 금을 찾아가는 경우가 드물었습니다. 그때 생긴것이 지불준비금입니다. 맡긴 금의 10%의 금만 남겨둔채 나머지는 또다른 이들에게 맡기건 입니다. 즉, 시중에 있는 예금증서와 금의 갯수가 같아야하는데 점점 예금증서가 많아지게 되었습니다.

현대에서는 중앙은행이 지불준비금의 비율을 정하여 은행에 강요하고 있습니다. 그러나 비트코인은 은행에 맡기는 돈이 아니므로 비트코인을 이용한 예금통화창조가 일어날 수가 없습니다.

이것은 정부의 입장에서 곤란한데 정부는 경제 상황에 따라 시중에서 돌아다니는 돈의양(통화량)을 조절해 통제력을 발휘해 왔기 때문입니다. 2008년 금융위기 이후에 미국 정부는 막대한 국채를 발행하고 중앙은행은 달러를 발행하여 이러한 국채를 매입했습니다. 양적 완화라고 불리는 정책입니다.

비트코인이 광범위하게 사용된다면 은행을 통한 예금통화창조 뿐만 아니라 중앙은행의 통화량 조절정책도 타격을 받게 됩니다. 더구나 비트코인을 받고 상품을 팔게 되면 정부가 매출을 파악하기 어렵고 따라서 세금을 거두는 데도 지장이 많아지게 됩니다.

비트코인을 대하는 정부의 태도

정부 관계자들에게는 각 사용자들에게는 은행역할을 하는 비트코인이 그리 반갑지 않겠지만 그것은 기술의 흐름에 의해서 나타난 현상이므로 앞으로 나타날 화폐의 모습을 보여주는 전조라고 볼 수도 있습니다.

이러한 여러가지 이유때문에 정부에서는 공식적으로 비트코인을 화폐로 인정하지 않고 있습니다. 그렇다고 비트코인 자체를 몰아내기 위해서 적극적으로 탄압하고 있지도 않습니다. (2017년에 일본에서는 공식 화폐로 인정해 각종 규제에서 자유로워졌고 이때문에 비트코인의 가격이 상승하게 된 원인이 되었습니다.) 오히려 조심스럽게 시장의 진행을 지켜보고 있습니다.

비트코인의 시장현황과 미래

2015년, 비트코인의 하루 평균 거래 건수는 12만 건에 불과했으며 한국의 신용 및 직불카드 건수인 3,700만 건에 비하면 매우 극소수 였습니다. 또한 비트코인을 받는 가맹점도 7,400개 정도며 그것도 북미와 유럽 지역에 치중되어 있습니다. 그러면 아직도 비트코인에 문제가 있다 생각하여 많이 활용하지 않는것일까요?

개인들은 가장 늦게 변한다 쳐도 이러한 금융에서 가장 발빠르게 움직이는 은행의 경우 비트코인 자체보다도 이에 대한 핵심기술인 블록체인에 주목하고 있습니다.

공개장부를 의미하는 블록체인 기술을 이용하면 지금 사용하는 시스템유지나 생산에 비해서 저렴 하면서도 안전성 높고 효율적인 거래시스탭의 구축이 가능하기 때문입니다.

지금처럼 하나의 중심인 모든 책임을 지고 막대한 비용을 들여 거래의 안전을 보장하는 시스템은 보기처럼 효율적이지 못합니다. 은행은 자신들만의 블록체인을 만들고 여기에 자신들만의 비트코인을 만들어 거래하는 실험에 착수하고 있습니다.

다만 이 기술은 아직 완벽한 것이 아니며 현실에 적용하려면 막대한 투자비용과 더불어 법과 제도나 관행 그리고 금융산업의 조직 등에서 거대한 변화가 함께 일어나야 하는 것입니다.

따라서 급격한 변화보다는 점진적인 변화가 나타날 가능성이 크고 어떤 시점에 큰 폭의 변화가 나타날지 예측하기 어려운 것입니다. 그러나 이것이 가는 방향이라는 것만은 틀림없습니다.

3-4 비트코인 가격 거품도 금방 꺼지지 않을까요?

'왜 비트코인이라는 아이템으로 돈버는 사람들이 많이 있는데 나는 해당되지 않는 것일까?'라고 생각하는 사람이 많을 수밖에 없습니다. 사람의 심리가 고생을 하지 않고 쉽게 돈을 벌고 싶다는 생각이 넘쳐날때 그리고 나와 비슷한 생활 수준의 사람이 갑자기 잘살게 될때 잠자고 있던 투기 현상이 슬그머니 고개를 드는 법입니다.

역사는 항상 반복 됩니다. 이번 비트코인에 대한 투기현상도 특별한 것이 아니라 과거에 있었던 일확천금에 행동들이 반복되는 것일뿐입니다.

비트코인과 비슷한 투기 광풍을 잘 보여주는 사건이 바로 네덜란들의 '튤립 투기(tulipomania)'입니다. 댐이 건설되고 점점 영토가 넓어지면서 무역의 중심지가 된 암스테르담에서 수많은 부자가 탄생되었습니다. 그러자 이러한 부자들은 남아도는 시간과 돈을 투자할 곳이 필요했고 마침 터키를 거쳐서 유럽으로 전해진 튤립은 대량으로 재배되며 전성기를 맞게 되었습다.

아직도 세계에서 가장 큰 튤립 축제가 열리는 암스테르담의 쾨켄호프 공원이 있는 암스테르담에서 황금기를 맞은 네덜란드 사람들은 독특한 튤립의 아름다움에 끌렸지만 곧 이를 이를 이용해서 큰돈을 벌 수 있다는 생각을 하게 되었습니다.

이런 계산은 곧 지금의 비트코인과 같은 투기 광풍으로 이어졌습니다. 아름다운 꽃을 사기위한 부유층의 수요가 늘어났고 이에 따라 꽃값이 오르기 시작했습니다. 꽃값 상승은 수많은 사람들을 화훼 산업으로 끌어왔습니다.

튤립 한조각을 구매하기 위해서 전 재산을 파는 사람이 있는 사람이 생겨나기도 했습니다. 꽃값이 계속 오르는 동안에는 모든 사람이 돈을 벌었습니다. 마치 지금의 비트코인이나 이더리움 처럼 말이죠. 이것이 또다른 투자가들을 끌어들였고 꽃값 상승을 더욱 부추겼습니다.

당시 가장 유명했던 셈페르 아우구스투스라는 튤립 한종의 구근은 4년만에 5백 길더에서 1만 길더로 상승했습니다. 당시 집한채값이 1만길더였으니 지금으로서는 이해가 안가는 수치였습니다.

그렇게 꽃값이 계속 오르자 사람들은 지금 당장 실제 손에 쥐고 있는 꽃만이 아니라 땅속에 묻혀 있는 튤립의 씨앗까지 사고팔게 되었습니다.

구매자는 선금을 주고 나중에 수확할 꽃을 미리 사둔다음 증거를 받았는데 이것이 바로 약속어음이었습니다. 어음의 등장으로 튤립 매매는 연중거래가 가능한 사업이 되었고 투기 성격도 한층 강화되었다. 오늘날 선물거래라고 부르는 현상이 시작된 것입니다.

지금 비트코인의 ICO라고 불리는 상장전 코인에 투자하는 격으로 생각하면 이해가 쉽게 되리라 생각합니다. 하지만 튤립 투기가 5년간 지속되다보니 사람들은 꽃값이 올라도 너무 올랐다는 생각들을 하기 시작했습니다. 그래서 더 이상 꽃값이 오르지 않고 매매도 잘 되지 않게 되었습니다.

천 길더였던 구근 값이 900에서 700으로 내리고, 500에도 반응이 없었습니다. 이제 가격의 폭등은 순식간이었습니다. 누구나 팔려고만 하고 사려는 사람은 한 명도 나오지 않았습니다. 5천 길 더를 호가했던 것이 50길더가 되었습니다.

모든 투기가 그러하듯 '막차를 탔던' 사람들이 망하는 것은 정해진 이치였습니다. 거품이 완전히 빠지는 시기였죠. 다행인 것은 튤립은 그자체로 가격이 내려가면 쓸모가 없어지지만 비트코인은 거품이 없어진다 해도 비트코인 뒤에서 이를 움직이게 하는 블록체인에 대해서 공부를 해두면 어떻게든 활용할 가치가 늘어나게 됩니다. 마치 닷컴 버블때 투자를 하는것과 동시에 인터넷을 연구했던 이들이 억만장자가 된것처럼 말이죠.

제4장
비트코인
투자금액별 노하우

4-1 채굴기 한 대를 투자하는 경우

대학생 때부터 꾸준히 주식을 해서 이번 비트코인 사태에 큰 수익을 올렸던 친구의 권유로 가상화폐에 입문하게 된 대기업 직장인 이 대리. 그는 2014년 친구의 권유로 사두었던 비트코인의 시세가 오르면서 쏠쏠한 용돈 벌이를 하게 된 후 다른 종류의 가상화폐 트레이딩까지 재미를 붙이게 되었습니다.

직장에서 일을 하면서도 쉬는 시간마다 휴대폰을 손에서 떼지 못한 채 몇 번씩 거래소 홈페이지를 들락날락거리며 비트코인과 알트코인들의 시세를 살펴보는 것이 이 대리의 일상이 되어 버렸습니다. 대학생때에는 시험기간에 유럽축구를 보느라 밤을 샜다고 하지만, 얼마전부터는 24시간동안 계속해서 이어지는 비트코인의 거래장을 살펴보다보니 밤을 새는 것이 부지기수가 되었습니다. 그렇게 천당과 지옥을 수차례 오르내리다 보니 더욱더 안정적으로 수익을 내고 싶다는 생각이 간절해졌습니다.

게다가 꾸준히 가치가 상승하는 알트코인들을 보니 단순히 한 가지 트레이딩만을 통해서가 아니라 이러한 비트코인을 직접 생산해 내면서 트레이딩을 한다면 더 큰 이익을 가져갈 수 있겠다는 생각이 들었습니다.

그래서 이 대리는 과거 용산에서 컴퓨터를 직접 조립해 팔던 아르바이트 시절 기억을 되살려 직접 채굴을 해보기로 결심했습니다. 검색을 해보니 비트코인 채굴기 한 대당 먹는 전기가 1kwh이니 집에서 남는 전기로 한 대 정도는 전기세 무리 없이 돌리면서 안정적으로 꾸준하게 돈을 벌어보자 하는 생각이었습니다.

마침 예전에 게임용으로 사다놓은 성능 좋은 그래픽카드가 장착된 컴퓨터가 있어 채굴을 하기에 적당할 듯싶었고 부담도 적을 것 같았다. 그래서 여기저기 알아본 뒤 채굴기 조립에 필요한 부품들을 주문하여 직접 채굴을 시도해 보기로 했습니다.

우선 네이버에서 '그래픽카드'로 검색을 해보았습니다. 가장 위에 있는 상점부터 하나씩 차례대로 클릭을 해 나갔는데 온라인상에는 올려두었지만 실제로 재고를 가지고 있는 사람들이 별로 없었고 나머지는 전부다 오래전에 재고가 이미 끝났다고 합니다.

컴퓨터 게임용 그래픽 카드가 하나에 10만원에서 20만원까지 2배넘게 가격이 올라가버린것도 있었습니다. 이 대리는 어렵게 구한 부품을 가지고 시작 단계에서부터 컴퓨터를 가지고 어떻게 채굴을 시작해야 할지에 대해 막막함을 느꼈습니다.

그래서 비트코인이나 이더리움 관련하여 공통적으로 관심을 가지고 있는 사람들이 모인 네이버 카페에 가입해 이미 채굴에 성공한 사람들의 글을 하나씩 읽기 시작했습니다. 마치 대학교때 시험 보기전 레포트를 작성하는 기분으로 말입니다.

그렇게 비트코인 카페에 들어가서 직접채굴 하는 글을 좀 읽어보니 마음이 좀 놓였습니다. 대충 어떻게 해야할지 감이 잡혔기 때문입니다. 그래도 막상 직접 채굴기를 조립하려니 쉽지가 않았습니다. 집에서 쓰는 컴퓨터는 몇 번 조립해 본 적이 있기에 채굴기 조립도 똑같을 것이라 생각했던 것은 큰 오산이었습니다.

스위치와 전원 연결에서 무슨 문제가 있는 것인지 전원이 들어오지 않아 한참을 만지작거렸습니다. 게다가 전원을 연결했더니 계속 프로그램 오류가 나고 제대로 채굴이 되지 않는 것이었습니다. 모니터도 중고로 한 대 더 구매하고 기타 부속품까지 사고나니 부품값만 몇십만 원이 훌쩍 넘어버렸습니다. 비트코인 채굴해 보겠다고 덤비다 폭삭 늙는 게 아닌가 싶어 이 대리는 한숨을 푹 쉬었습니다.

처음 채굴하는 사람들이 똑같이 겪는 상황

이 대리의 상황은 비트코인이나 이더리움 등 가상화폐를 접하고 본격적으로 채굴을 해볼까 생각하고 있는 사람들이나 이제 막 채굴을 도전해 보는 사람들이라면 많이 겪게 될 수 있는 상황입니다. 아무리 컴퓨터 조립 경력이 있는 사람이라도 여러 오류와 마이너 설치때문에 채굴기 세팅이 영영 완료되지 않을 수 있습니다.

또한 몇 가지의 특수한 문제들이 발생할 가능성도 배제하기 어려워 계속해서 알아보고 다시 뜯어 고쳐보기를 반복하는 경우가 계속 발생합니다. 그리고 채굴기 조립을 성공적으로 마치더라도 이

후 채굴 설정을 어떻게 해야 하는지 잘 몰라 답답함을 느끼는 경우도 부지기수입니다.

처음 채굴을 하는 사람들은 보통 가볍게 채굴기 한 대만큼 투자를 하여 채굴을 시작하는데 투자 금액은 비교적 가벼울지 모르겠으나 그 과정은 절대로 쉽지 않습니다.

게다가 가상화폐의 채굴은 난이도는 매장량이 낮아질수록 채굴 난이도가 더 높아진다는 점을 간과하곤 합니다. 채굴 난이도가 높아지면 같은 시간동안 컴퓨터를 돌려도 채굴되는 코인의 양이 줄어들게 된다. 즉 채산성이 떨어진다는 것입니다.

결국 집에서 소소하게 한 대만 돌린다는 것이 전기세 낭비가 되는 것입니다. 곧 채굴기 한 대를 며칠씩 돌리더라도 코인 한 푼 구경하기 힘든 때가 올 것입니다.

이렇게 된다면 채굴기 한 대를 투자하는 것은 장기적으로 보았을 때 손해라고 판단할 수 있습니다. 가상화폐의 채굴과정을 공부하여 볼 생각으로 한 대 정도만 돌려보는 것은 나쁘지 않지만 돈벌이를 위해 채굴기 한 대로 시작하는 것은 추천하지 않습니다. 한대를 통해 채굴하면서 겪는 어려움과 10대 100대를 통해 겪는 어려움을 똑같기 때문에 채굴 난이도는 계속해서 올라가기전 이러한 채굴기의 특성을 빠르게 파악해 이왕이면 여러 대를 가지고 진행하는 것을 추천합니다.

또한 현재 채굴기를 조립하기 위한 부품 조달이 원활하지 않은 상황인데, 한대를 돌리다 감을 잡았다고 생각했을때 다시 부품 주문하고 그다음부품이 들어올 때까지 기다리다 보면 채산성이 더 크게 떨어져 있을 것은 불 보듯 뻔한 일이기 때문입니다.

그러니 집에서 채굴기 한 대를 돌리며 소소하게 용돈 벌이를 해보겠다는 생각을 갖고 있었다면 당장 그 생각은 접어두기 바랍니다. 날이 갈수록 개인이 코인을 채굴해 수익을 내는 것은 더 어려워질 것이기 때문입니다.

4-2 채굴기 열 대를 투자하는 경우

원룸 한 채를 구매해 부동산 시장에 투자하던 정씨는 비트코인 초반이었던 2016년도에 비트코인 시장에 들어와 수많은 날을 지새면서 트레이딩에 매달렸습니다. 채굴기 한 대를 조립해 돌리던 정씨는 생각보다 괜찮은 수익을 봤습니다. 당시 부품값도 크게 오르기 전이었기에 부동산에서는 일 년에 20%의 수익을 볼까 말까인데 비트코인에서는 열 대로 투자하면 더 큰 이익을 꾸준히 낼 수 있겠다는 생각에 채굴기 열 대를 돌리기로 마음먹었습니다. 채굴기 열 대를 돌릴 공간이 없어 엄두를 내지 못하고 있었는데 마침 사촌 동생이 하는 사무실 한켠에 채굴기를 놓을 자리를 마련해 주겠노라고 이야기하였습니다.

한 대에 평균 1kWh가 들어가기에 집이나 사무실에서 열대를 돌릴 엄두를 내지못했는데 사촌동생의 미용실은 전력이 남아돌았기 때문입니다. 이유를 알아보니 그리 크지 않은 사무실이었만 처음에 입주를 할 때 드라이기며 온수물이며 전기를 많이 사용할 거 같다고 잘못판단해 10kWh면 충분할 전기를 25kWh로 증설을 해서 매달 30만원 이상의 기본비용을 내고 있었기에 속상해 하던 차였습니다.

사촌동생에게 전기세를 대신 내준다고 약속하고 이전에 알던 업자에게 기계를 구입을 했습니다. 며칠 사이에 기계값이 2배나 올라 고민을 했지만 이미 자리까지 구해둔 터라 더이상 미룰 수가 없었습니다. 일단 잘 되겠지 하는 심정으로 그동안 모아놓은 비상금을 털고 대출로 나머지 비용을 충당하여 채굴기 열 대를 투자 했습니다. 그런데 문제는 조립 단계에서부터 발생했습니다. 예전에 한 대 돌리던 적에는 쉽게 조립하고 채굴을 시작했기에 열 대를 돌려도 똑같을 것이라 생각했던 것은 크나큰 착각이었던 것입니다.

4way인지 6way인지에서부터 가격의 부품 가격차이가 심하

게 날뿐더러 부품 하나가 고장인 나면 단순히 하나가 아니라 나머지도 전부다 확인을 해봐야 하기에 수차례 반복해보고 다시 채굴이 정상적으로 진행되고 있는지 살펴봤습니다.

개인사업을 하고 있어서 다행이지 직장을 다녔다면 꼼짝없이 알바나 지인에게 부탁해야 했을텐데 그러면 결과도 더더욱 늦게 나오지 않았을까 생각하니 아찔했습니다.

또 이렇게 여러대를 돌리는건 처음이라 전기 사용을 할 때 배선을 잘못했던 바람에 배전반이 수시로 내려갔습니다. 아무리 전력이 많이 남는다고 하더라도 한번에 몰아 쓰고나니 전력이 버티지 못하는 것이었습니다. 그래서 처음 외주를 주고 시켰던 배선을 뜯어내고 전기가 정상적으로 돌아갈 수 있게 조치를 취하는데도 시간과 돈을 꽤나 들었습니다.

그래도 포기하지 않고 정씨는 며칠 동안 밤을 새다시피 하여 겨우 열 세트의 채굴기를 세팅하는 데 성공하였습니다. 그런데 문제는 채굴기 관리였습니다. 지금은 컴퓨터의 온도를 체크해 보면 60도 선을 유지하며 돌아가고 있기는 하지만 여름에 폭염 날씨가 이어지면 컴퓨터가 과열될 것이라 생각하니 걱정이 절로 앞서는 것이었습니다.

온도 유지를 위해 선풍기를 돌린다 하더라도 추가 전력 사용으로 인한 전기세 폭탄을 맞을 것이 가장 먼저 떠올랐습니다. 게다가 지금만 해도 채굴 컴퓨터 때문에 주변 온도까지 높아져 아직 한여름이 아닌데도 사무실 온도가 굉장히 높아졌습니다.

정 씨의 사무실도 아닌 사촌 동생의 사무실을 빌려 쓰고 있는데 채굴기 때문에 실내 온도가 올라가 사촌 동생과 다른 사람들에게 민폐를 끼치는 것 같아 미안해 매일 같이 고개를 숙이고 도망치듯 사무실을 지나 작업장으로 가곤 합니다. 또 이렇게 온도가 오르다가 화재라도 나면 어쩔까 하는 생각에 정씨는 마음이 조마조마했습니다.

이쯤 되니 빚을 내서 채굴에 투자 했지만 채굴이 마냥 쉽지만도 않은데다가 장소도 여의치 않자 계속 해야 할지에 대한 고민이 커졌습니다. 그나마 부동산에서 들어오는 월세가 있기에 버티고 있는 것이지 이것마저도 없었다면 큰일날 뻔 했습니다.

채굴기 열대를 돌리는 것이 말처럼 쉬울까요?

정 씨의 경우처럼 채굴기를 열 대 정도 가지고 있는 경우가 가장 애매한 경우입니다. 10대면 기계비용, 장소값을 포함해 최소 5천만 원 이상 투자했을 것이기 때문입니다.

적지 않은 돈을 들여서 투자하기는 했지만 그렇다고 해서 원하는 만큼의 수익을 장기적으로 낼 수 있을지는 확실치가 않기 때문입니다. 또한 기본비용이 생각보다 많이 들어가는데 처음에 이를 얕잡아보고 시작을 했다가 하나씩 늘어가는 비용에 감당을 못하는 경우도 많이 생기게 됩니다. 이때 가장 고민이 컴퓨터 부품 외주업체와의 마찰인데 채굴기의 경우 기계를 돌아가게 하는 것이 먼저라서 외주업체에 돈을 주면서도 철저하게 을이 되는 것을 경험할 수 있기 때문입니다.

채굴 장비가 열 대 정도 되면 가정에서 채굴을 돌리는 것은 불가능하고 전력량이 넉넉한 사무실을 이용하거나 아예 공장에서 해야 합니다.

하지만 이런 경우 전기세 뿐만 아니라 공장 임대료도 반드시 고려하여 수익을 낼 수 있는지를 잘 계산하고 판단한 뒤 채굴을 시작해야 합니다. 농업용 전기도 쉽게 생각하는데 실상 그렇지 않습니다. 채굴기 열 대 정도를 투자할 경우 가장 중요한 관건은 이를 유지할 수 있는지에 대한 충분한 전력량을 가진 공간의 확보에 달려 있습니다. 이러한 계산을 충분히 검토하지 않고 무작정 들어가는 것은 기름을 몸에 부은 채 막연히 잘될거라는 생각만을 가지고 불속으로 뛰어드는 것과 같습니다.

4-3 채굴기 공장을 투자하는 경우

해외 소식에 밝은 조 씨는 2년 전 비트코인이라는 것이 있다는 것을 알게 되어 당시 속는셈 치고 사둔 뒤 잊었습니다. 얼마전 조 씨와 함께 비트코인을 살까 고민하고있던 지인이 연락을 줘서 가격을 확인해보라는말을 듣고 국내거래사이트에 들어가보는 깜짝 놀랐습니다. 최근 들어 비트코인과 알트코인들의 가치가 계속 올라가고 있었기 때문입니다.

당시 하나의 비트코인당 몇 십 만 원이었던 것이 현재는 몇천만 원을 오르락내리락 하고 있었기에 가만히 앉아 수익을 몇백 배나 벌어들인 것입니다. 또한 조씨는 당분간 비트코인에 대한 수요가 꾸준히 있을 것이라는 생각이 들어 지금 당장 본격적으로 채굴을 시작하기로 마음먹었습니다.

들은 바에 의하면 채산성이 앞으로 떨어져 소량의 채굴기를 돌릴 경우 점점 더 큰 폭으로 효율이 떨어질 것이라 판단하였기에 조금이라도 더 빨리, 더 많이 채굴을 최대한 해야겠다는 판단을 내린 것입니다. 그리하여 바로 제조업에 등록하고 지방에 작은 공장을 얻어 채굴장 세팅 계획을 세웠습니다.

이전에 지방에 풀빌라를 세웠던 경험도 있었기에 부동산 매입과 공장 셋팅에 자신 있었던 것입니다. 그래서 그는 '지방에는 놀고 있는 공장이 많이 있겠지'라는 안일한 생각으로 비트코인을 채굴기 대량 구입을 알아봤습니다.

그런데 공장을 구하기도 어려울뿐더러 임대료도 너무 천차만별이었습니다. 조씨는 그동안 직접 한두 대 돌려본 경험도 없었기에 밤새 비트코인에 대해서 공부해가며 준비하느라 그나마 조금 있던 던 머리도 다 빠질 지경이었습니다.

조 씨는 주변의 채굴하는 전문가들의 강의를 들으러 다니고 책을 찾아 읽으면서 물어물어가며 채굴에 필요한 장비를 알아봤습니다. 역시나 한국보다는 중국이 몇배나 저렴했는데 그래도 부담이 되기는 마찬가지였습니다. 툭하면 날짜가 연기가 되고, 부품 값이 낮은 만큼 쉽게 문제가 발생할거라는 것을 알았기 때문입니다.

우선 조씨는 큰마음을 먹고 100여대 정도의 채굴기를 공장에 설치하였습니다. 다행히도 사람들이 너도나도 그래픽 카드를 찾기 전에 부품을 구비해 두어 그래픽 카드를 수급하는 데도 크게 어려움을 겪지 않았습니다.

공장에서 채굴을 시작하기 전 아는 지인과 함께 전력량을 계산하여 전력량 증설을 위한 전기 공사를 하였고 혹시 모를 화재 문제 방지와 채굴 컴퓨터의 수명과 유지보수를 위해 공장 계약단계에서부터 천고와 환풍기 시스템을 체크하는 것도 잊지 않았습니다.

이때 중요한 것은 배선공사였는데 600평정도의 배선을 까는데 평당 10만원의 비용이 들어 6천만원이상의 예상 비용이 들었습니다. 비용은 좀 많이 들긴 했지만 조 씨는 채굴을 계속 하다보면 꾸준히 수익이 날 것이라고 생각했기에 길게 보고 가기로 마음 먹었습니다.

조씨는 최대 한도치로 대출받더라도 몇달이면 모두 상환하고도 충분히 그 이상의 이익을 낼 수 있을 것이라 생각했고 대출이자

27%로 대출을 받았습니다. 조씨는 자산이 조금 있었기에 이자율 보다도 수익률이 더 커질때까지 버틸 수 있다고 생각한 것입니다.

가장 큰 문제는 사방이 어두컴컴한 지방에서 24시간 일할 사람을 주야간 3명이상 구하는 것이었습니다. 서울에서 일잘하는 사람들은 아무리 많은 돈을 줘도 가정을 핑계로 내려가지 않으려 하고 그렇다고 대학교를 갓졸업한 친구들을 시키자니 책임감이 없을 거 같아 투자한 돈이 완전히 낭비하는 것이 아닐까 하는 생각도 들었습니다. 그러다가 결국 친척중에 대학교를 졸업하고 아직 직장을 구하지 않은 동생을 불러 설득을 했습니다. 한달에 대기업에서 주는 비용보다 더 많은 돈을 주겠다고 말입니다.

비트코인에 대한 비전과 미래에 대해서 계속해서 장밋빛만 보여주자니 스스로도 낯가지러웠지만 이 방법밖에는 없다는 생각에 계속해서 이야기를 했습니다.

한번에 워낙 많은 수의 채굴기를 설치했기에 채굴기를 놓을 선반을 처음부터 다시 짜고, 처음으로 도면도 스스로 그려리면서 공간을 재배치 하고 최종적으로 전기배선을 들여와 채굴기 시작하기까지의 과정이 쉽지 않았고 시간도 다소 걸렸지만 앞으로 이 채굴기들이 꾸준히 수익을 가져다 줄 거라고 생각하니 조씨는 밥을 먹지 않아도 배가 부를 정도입니다.

지금 당장 채굴 공장을 세우고자 한다면?

자금이 충분히 된다면 공장에서 100여대 넘게 직접 채굴기를 돌리는 것이 가장 최고의 방법이라고 할 수 있습니다. 채굴하는 코인들은 시세가 크게 하락세를 보이는 경우가 없는데다가 현재 상황에서는 투자 대비 수익률이 괜찮기 때문입니다.

하지만 현실적으로는 공장 부지를 매입하고 제반공사를 한 뒤 채굴기 수백 대를 놓을 만한 경제적 여력이 있는 사람이 많지가 않습니다. 초기 투자 비용이 굉장히 많이 들어가기 때문에 적자에서 흑자로 넘어가기까지 경제적으로 버틸 수 없다면 추천하지 않습니다.

전기 관련하여 분전반 설치비용이나 여러 잡다한 자재들, 네트워크 구축, 하다못해 채굴기를 놓을 선반 제작비부터 인력 유지비까지 생각보다 돈이 몇배로 들어가기 때문입니다.

채굴장을 구하기도 어려운 상황이지만 더 큰 문제는 바로 채굴 컴퓨터를 조립하기 위한 부품들의 품귀현상입니다. 부품들을 구하기가 어렵고 날이 갈수록 가격이 높아져 채굴기 조달이 쉽지 않은 상황입니다. 그래픽 카드의 경우, 구하기도 쉽지 않은데다가 그나마 구할 수 있더라도 가격대가 굉장히 높아 대량으로 구하기가 어려운 것입니다. 장비를 모두 수급하여 채굴장 환경을 조성한 뒤에도 지속적으로 시설 유지보수를 해야 한다는 점도 문제입니다. 공장 내부의 온도, 습도나 환기에도 신경을 써야 화재나 감전 등의 위험을 막을 수 있으며 철저히 관리하지 않을시 채굴장비의 수명이 단축될 수 있기 때문입니다.

그리고 자동화 시스템을 따로 두지 않으면 수십 대 내지 수백 대의 채굴 장비를 일일이 살펴보아야 합니다. 채굴 프로그램이나 운영체제 업데이트가 있을 때마다 자동화 시스템이 갖추어져 있지 않은 경우라면 개인이 한 대를 돌리든 열 대를 돌리든 이런 상황과 다를 것이 없다. 하나하나 업데이트를 해주어야 하기 때문이다. 만약 자동화 시스템이 가능해지는 원격 프로그램을 직접 개발할 능력이 없다면 적지 않은 비용을 주고 개발자를 섭외해야 합니다.

그 외에도 인터넷 회선과 공유기도 들여야 하고 채굴기 수량이 많아질수록 채굴기 세팅과 관리 과정이 더 복잡해집니다. 이런 부분을 꼼꼼하게 체크하지 않는다면 오히려 손해만 입고 회복 불가능할 여지까지 도달하게 됩니다.

제5장
나만 몰랐던
비트코인 이야기

5-1 비밀스런 중국 Bitcoins 채굴장, 마을을 먹여살리다

작은 중국 마을의 가장자리에 미래를 준비하느 작은 건물이 있습니다. 중국내에서도 몇몇 사람만이 이건물 내부에서 일어나는 일을 알고 있습니다. 여기서는 컴퓨터로 복잡한 수학 알고리즘을 해결하여 연간 최대 8백만 달러의 디지털 통화가 생성합니다.

위치는 비밀이며 엄격한 조건하에 초대 받았습니다. 중국 정부는 공식적으로 광산에서 엄청난 돈이 흘러 나오기 때문에 이를 비밀스럽게 숨기려 합니다.

이 광산의 대다수는 중국에 위치해 있으며, 종종 법 밖에서 작동하는 비밀시설이기도합니다. 특히나 중국에서 진행하는 모든 채굴 작업은 매우 비밀스럽게 진행 됩니다.

중국 정부는 이러한 비트코인 채굴장에 대한 구체적인 정책 발표를 하지 않았으며 당분간은이러한 자세를 계속 유지할 생각입니다. Bitbank라는 채굴장을 운영하는 Chandler Guo씨가운영하는 시설은 연간 800만 달러를 벌어 들이는 중국에서 가장큰 광산 중에 하나입니다.

30세의 Chandler Guo, Bitbank의 공동 설립자이자 작은 사업가입니다. 그의 가족은 쇠고기 농장을 운영하며 부자가 되었고 그는 그돈을 비트 코인에 투자하기로 결정했습니다. 그는 낙후한 도시를 숨겨진 비트 코인 경제로 바꾸었습니다. BitBank 시설에서 하루에 24 시간 작동하는 기계들이 매일 약 50 개의 Bitcoins을 생성하며 한때 중국은 전세계 Bitcoin 광산의 약 40%만 가지고 있었지만 2016 년까지 이 광산은 광산 중 70% 가량을 점유하고 있습니다.

광산의 벽 안에는 수백 개의 컴퓨터가 줄 지어 서 있습니다. 현장에는 주로 남성이며 전 농민과 갓졸업한 학생으로 구성되어 있습니다. 그들은 기숙사 방 6 개에 살고 있습니다. 온갖 난잡한 컴퓨터 부품이 바닥을 가로 지르며 자리 잡고 있습니다.

그들 중 한 명인 팡 용 (Fang Yong)은 약 1 년 동안 광부로 일해 온 21 세의 졸업생입니다. 그는 마을 주변에서 자전거를 타고 시골 출신임에도 비트 코인의 잠재력을 완전히 알고 있습니다. 광부들은 전 세계의 다른 비트 코인 트랜잭션을 검증하는 암호화 문제를 해결하기 위해 비트 코인을받습니다. 알고리즘이 해결 될 때마다 "블록"이 "블록 체인"에 추가됩니다.

"우리가 채굴하는 비트 코인은 24 시간동안 기계는 절대 잠들지 않습니다."

구오 (Guo)는 중국에 2 개의 완전 가동 광산을 건설했으며 전 세계적으로 전체 비트 코인의 30% 이상을 생산할 수있는 세계에서 가장 큰 비트 코인 광산이 될 것이라고 주장하고 있습니다.

Guo와 같은 조직화 된 중국 bitcoin 광업이 통화의 미래를 위협 할 수있는 가능성도 있습니다. 1월에 "실험이 실패했다"고 주장한 유명한 비트 코인 애호가인 Mike Hearn이 말했습니다. 그는 중국의 광업 지배가 중국에서 대부분의 비트 동전 거래가 확인되었음을 의미하지만, 거기에서 사용되는 인터넷 연결 속도가 느리면 화폐 흐름을 방해하여 인기가 증가하지 않을 수 있다고 주장한 것입니다.

Guo는 Hearne의 의견을 무시합니다. 그는 미래에 대해 낙관하고 있으며, 비트코인이 돈을 사용하는 확립 된 방법을 바꿀 수있는 잠재력이 있다고 말했습니다.

"나에게 비트코인은 일종의 자유입니다. 누구나 어디에서나 비트코인을 사용할 수 있습니다. 그것은 단지 한 국가에 속하지 않습니다. 나는 내 자유가 허락하는 한 비트코인을 계속 캐낼것입니다."

5-2 Bitcoins, 생각보다 아주 쉽게 훔칠 수 있습니다.

2014년 세계에서 가장 큰 규모의 Bitcoin 교환소인 Mt.Gox는 약 850,000 Bitcoins가 해커에 의해 도난당했다고 주장하면서 파산 신청을 했습니다. 당시 도난당한 Bitcoins의 가치는 4억 5천만 달러였습니다. 중요한 것은 액수가 아니라 이러한 비트코인이 약간의 노력으로 훔치는 것이 얼마나 쉬운지를 공개했기 때문입니다. 비트코인에 대한 깊은 지식이 아니더라도 일정한 지식만 가지고 있다면 Bitcoin에 쉽게 접근해 돈을 빼낼 수 있습니다.

5-3 Bitcoins은 해커를 위해 만들어진 통화입니다

2016년 2월, 할리우드 장로 병원 (Hollywood Presbyterian Medical Hospital) 시스템이 해킹 당했고 해커들은 시스템 몸값으로 비트코인을 요청했습니다. 당장 수술해야할 환자의 차트도 특수 피가 필요한 환자들도 해커가 시스템을 보유하고 있기 때문에 아무 작업도 진행할 수 없습니다.

병원은 해커들의 요구 사항을 준수하는 것 이외에 아무것도 할 수 없었습니다. 해커들이 요구한 Bitcoins 금액은 1만 7,000 달러.

범죄는 비열했으나 병원에서는 이를 만들어낼 수 밖에 없었죠. 이 외에도 다양한 비트코인 사건이 있었습니다.

다른 사건으로는 보스턴에있는 한 경찰국이 Bitcoins에서 해커에게 500 달러를 지불했고 다른주에있는 보안관 부서에서도 비슷한 금액을 지불했습니다. 해커는 밝혀지지 않았지만 러시아 나 우크라이나에 기반을 둔 한 네트워크 회사가 벌인일로 Bitcoin 수입으로만 대략 1650 만 달러를 벌어 들인 것으로 알려져 있습니다.

해커들의 요청금액은 보통 $20,000이며 항상 Bitcoin으로 요청했습니다. Bitcoin 지갑은 정부에 등록 할 필요가 없으므로 디지털 해커에게 가장 인기있는 통화입니다.

결혼은 동전의 앞면과 같다는 옛살 속담이 있습니다. 과연 비트코인으로 살아가는 사람들에게도 그런 속담이 통할까요? 실제로 비트코인으로 결혼생활을 유지하고 있는 신혼부부가 있어 소개하고자 합니다. 미국의 젊은 부부가 "Bitcoin Life"을 실시했습니다.

2013 년 7월 유타의 Austin Craig와 Beccy Bingham은 결혼생활후 90일동안 비트코인외에는 아무것도 사용하지 않겠다는 맹세했습니다. 그리고 그들은 그런 삶을 촬영하여 유튜브와 페이스북에 올리면서 독자들에게 새로운 삶의 희망을 보여주는데 이

를 위해서 그들은 비트코인으로 사는 모습을 비디오로 남겼고 크라우드펀딩사이트를 통해서 아예 펀딩을 받아 영화제작에 들어갔습니다. 이들의 이야기를 보면서 다소 황당하고 '정말 저게 가능해'라고 생각하시는분도 이겠지만 저는 이것을 보면서 오래전에 본 다큐멘터리가 생각났습니다.

당시 인터넷이 처음 나올때였는데, 현금 없이 1주일간 인터넷뱅킹 계좌에 입금된 돈만을 가지고 조그마한 방에서 살아남는 실험을 합니다. 집안에서 인터넷으로 1주일동안 살아갈 수 있는지에 대한 실험 말이죠.

전화도 하지 못하고 음식배달할곳도 찾지 못한 그들은 첫날 하루는 굉장히 힘들어합니다. 그런데 이틀째부터 조금씩 적응을 합니다. 인터넷을 활용해 어떻게 해서든 배달하는 식당이나 홈페이지를 가진 피자집을 찾아내고 온라인으로 주문하기 위해서 별의별 방법을 다 활용합니다. 결국에는 온라인 주문이 성공하고 처음으로 피자 배달이 왔을 때 그 방안에 있던 남녀 4명의 남녀는 기뻐 소리를 지릅니다. 불과 20년 전 이야기입니다.

지금 이 영상을 중고등학생들에게 보여주면 꾸며낸 이야기인줄 알것입니다. 지금의 비트코인도 똑같습니다. 비트코인 아니 그 뒤에 있는 블록체인을 공부해야하합니다.

부록

지갑

만드는 방법

부록 1

비트코인 지갑의 개념과 만드는 방법

비트코인 주소 vs 지갑 vs 거래

비트코인을 이제막 시작하는 사람들이라면 반드시 하는 두가지 질문이 있습니다.

"개인 지갑과 거래소 지갑의 차이가 뭔가요?"

"지갑과 주소의 차이는 무엇인가요?"

네. 가장 많이 묻는 두 가지 질문입니다. 이렇게 물을 때마다 저는 이렇게 답합니다.

"개인지갑은 외부와 차단하고 내 집안에 화폐를 가득 쌓아둔 개인금고이며 개인주소는 이를 거래하기 위해서 조금씩 돈을 빼내어 넣어두는 곳과 같습니다. 거래소 지갑은 내 돈을 은행에 맡겨두는 것이고 거래주소는 필요할때마다 쉽게 뺄 쓸 수 있는 곳으로 계좌를 여러개 만들어 두는 것과 같죠. 모든 돈을 집안에만, 그리고 은행에만 전부 보관하시는분은 없으시죠? 비트코인도 똑같습니다. 전부다 거래소나 개인 지갑에 두는 것이 아니기에 두개다 만들어두는 것이 중요합니다."

지갑에는 어떤 종류가 있나요?

지갑은 형태에 따라 웹지갑, 데스크톱(PC)지갑, 모바일 지갑, 하드웨어, 종이지갑 등으로 구분되는데 보통은 웹 개인지갑을 사용하는 경우가 많습니다.

이때 웹개인 지갑의 경우, 개인키는 웹사이트 서버에 암호화되어 저장 됩니다. 대표적인 사이트로 Blockchain, Jaxx, Trezor 등이 있습니다.

비트코인 거래를 할 때 필요한 거래소 지갑만 있으면 되지 개인 지갑이 꼭 필요한것일까요? 개인 지갑이 필요한 이유는 두가지 입니다. 하나는 해킹에 대한 위험을 스스로 대비하기 위해서이고 다른 하나는 ICO에 참여하기 위해서입니다.

첫째, 해킹에 스스로 대비할 수 있는 개인지갑

비트코인 또는 코인을 보관하며 거래를 할 경우 거래소가 해킹을 당하거나, 파산할 경우 그 거래소에 종속되어 있는 내 지갑의 비트코인 또는 코인을 보장 받을 수 없습니다.

그래서 개인들도 현금 재산을 분산해서 보관하듯 비트코인도 분산해서 보관해야 하는 것입니다. 보통 웹지갑, 데스크톱(PC),모바일 지갑에는 소량의 비트코인을 보관하고, 오프라인인 하드웨어 지갑에는 대량의 비트코인을 보관하는 용도로 사용하는 것이 일반적입니다.

해외지갑이 편리하신 분들은 Blcokchain을 웹이나 모바일 지갑으로 사용하고 Jaxx나 multibit를 데스크톱 지갑으로 Ledger nano S, Trezor 를 USB 하드웨어 지갑으로 사용하죠.

이 책에서 가장 일반화 되어 있는 Blcokchian 지갑과 MIT 에서 만들었다고 하는 Multibit 지갑을 만드는 방법을 배워보려 고 합니다.

웹, 모바일, 데스크톱 지갑은 인터넷과 실시간으로 동기화 되어 자신의 비트코인이 실시간으로 업데이트 되고 사용하기가 편하지 만 그만큼 해커들에게 쉽게 노출이 되어 있습니다.

또한 계속해서 업데이트가 되어야 하기에 그만큼 하드용량이 계속해서 늘어날 수 있습니다. 반면에 종이지갑, 하드웨어지갑은 노출은 되지 않지만 온라인에 연결이 되어 있지 않기에 바로 거래 를 하기에는 불편한 면이 있습니다.

그럼 지금부터 필수로 만들어야할 아래 세 가지 지갑에 대해서 하나씩 만들어보도록 하겠습니다.

1. 블록체인 지갑 (개인지갑, 웹, 모바일용, ICO참여용)

2. Multibit 지갑 (개인지갑, 데스크용)

3. 빗썸지갑 (거래소 지갑, 트레이딩용)

거래소 지갑 vs 블록체인 지갑

	거래소	블록체인
비트코인 송금	YES	YES
매수 / 매도	YES	NO
은행계좌 연결	YES	NO
사업자 서비스	YES	NO
웹	YES	YES
모바일 앱	YES	YES
블록체인 조회	NO	YES
비밀키 백업	NO	YES
사용자의 비밀키 권한	NO	YES
거래소의 비밀키 권한	YES	NO

블락체인 지갑 만들기

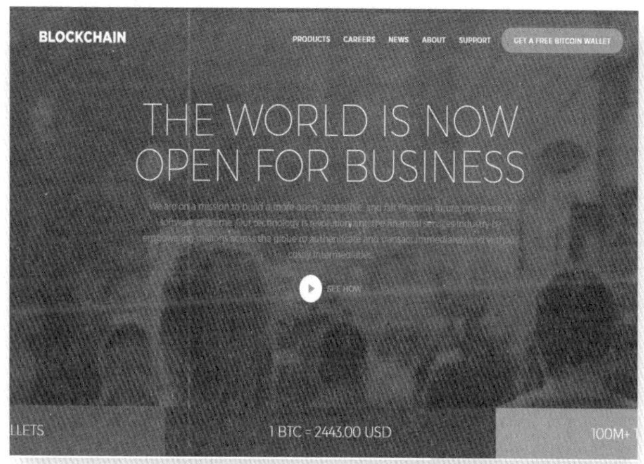

〈지갑 1-1블록체인 홈페이지에 접속〉

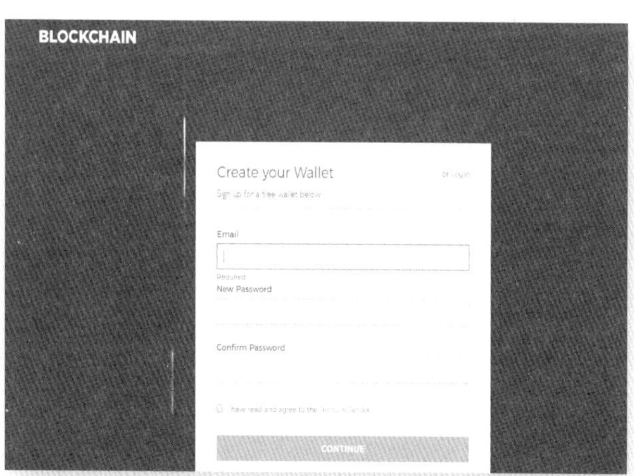

〈지갑 1-2 메일 및 패스워드를 적습니다〉

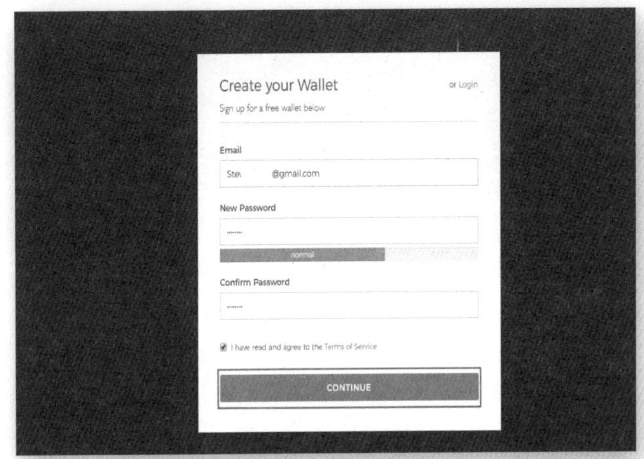

〈지갑 1-3 계속 하기를 누릅니다〉

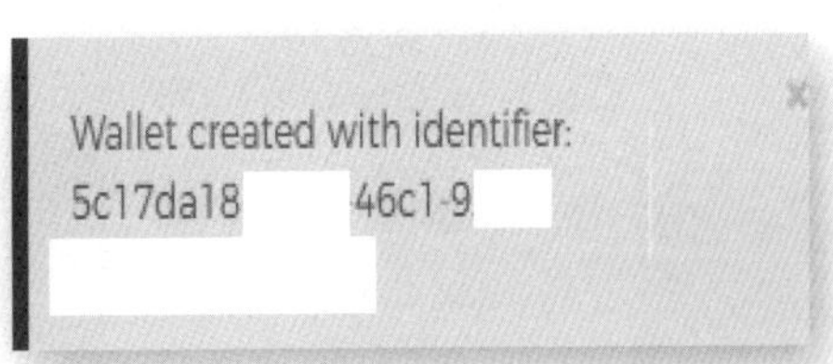

〈지갑 1-4 그러면 오른쪽 위에 나의 고유 지갑을 확인할수 있습니다〉

BLOCKCHAIN

Welcome to your wallet!

Thank you for creating a Blockchain wallet.

Verify your email below to complete your setup.

Yes, This Is My Email

〈지갑 1-5 입력한 이메일에 가서 인증 합니다〉

성공!

귀하 이메일 확인 성공! 지갑을 보려면 이전 브라우저/탭으로 돌아가세요.

〈지갑 1-6 인증 후 다시 사이트로 돌아갑니다〉

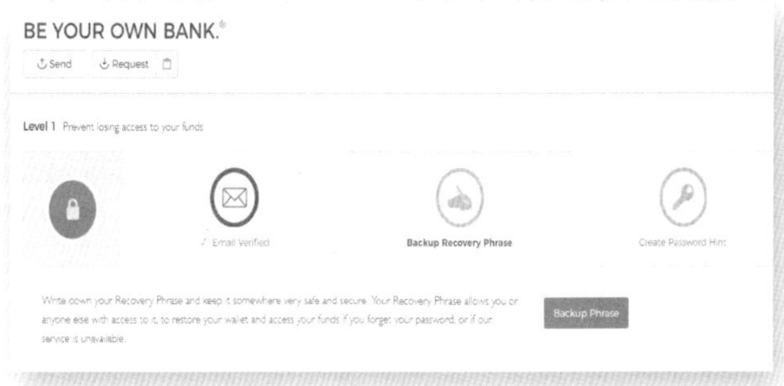

〈지갑 1- 7 이메일 인증을 시작으로 내 지갑 존재를 확인합니다〉

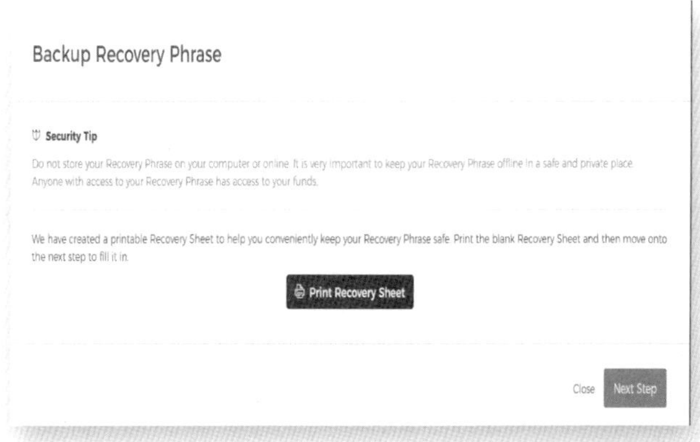

〈지갑 1-8 해킹에 대비해 백업 할 수 있는 방법입니다〉

〈지갑 1-9 위에 나온 12가지 단어를 종이에 적어둡니다〉

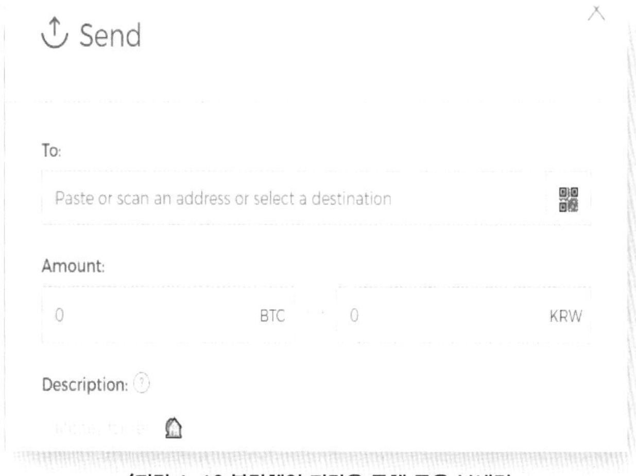

〈지갑 1-10 블락체인 지갑을 통해 돈을 보내면
시간은 최소 10분, 최대 며칠까지 걸립니다.

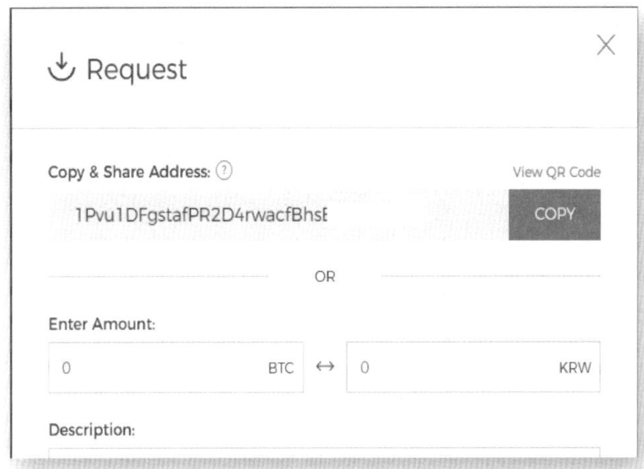

〈지갑 1-11 지갑을 받을때 사용하는 주소 입니다〉

블락체인 지갑은 특히나 블락체인 커뮤니티에서 만들고 신뢰하는 사이트로 웹 개인지갑을 만든다면 가장 먼저 만들어야 할 지갑입니다. 이곳에서 매수나 매도는 어렵지만 모바일에서 활용가능하며 블록체인 조회 및 비밀키 백업 및 사용가권환이 있으므로 해킹에 대해서 온전히 내가 준비한 만큼 대비할 수 있는 곳입니다.

멀티비트 지갑 만들기

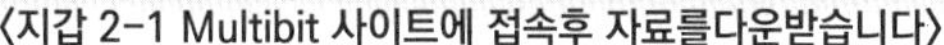

〈지갑 2-1 Multibit 사이트에 접속후 자료를다운받습니다〉

〈지갑 2-2 설치파일 압축해제 합니다〉

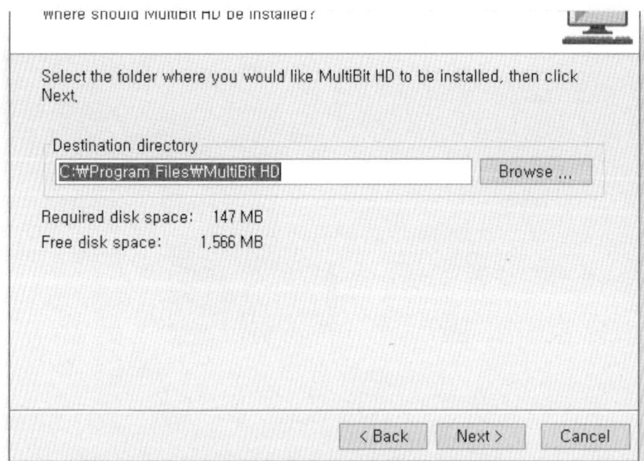

〈지갑 2-3 압축을 풀 장소를 선택합니다〉

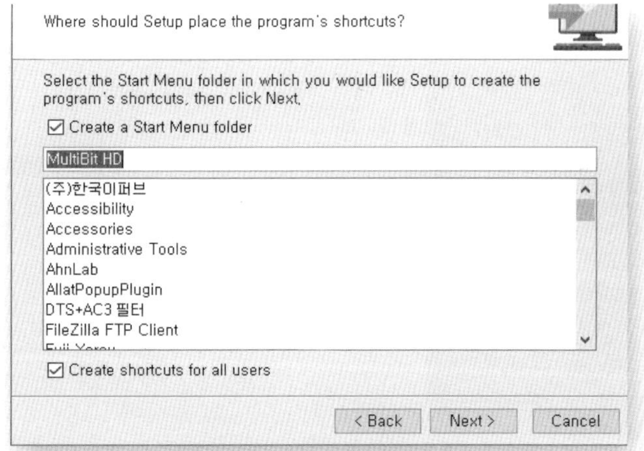

〈지갑 2-4 계속해서진행합니다〉

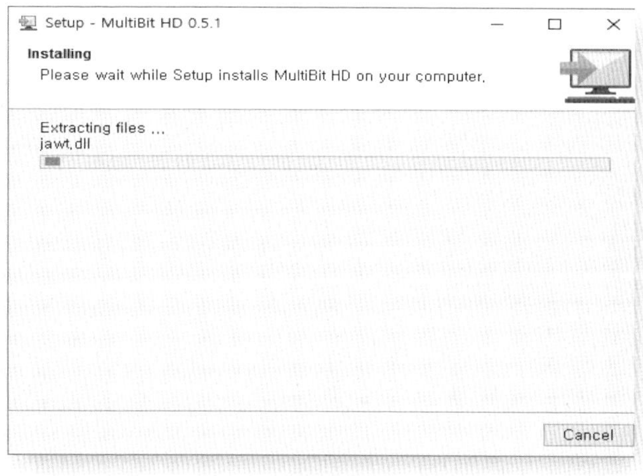
Setup - MultiBit HD 0.5.1
Installing
Please wait while Setup installs MultiBit HD on your computer.
Extracting files ...
jawt.dll
Cancel

〈지갑 2-5〉

Setup - MultiBit HD 0.5.1
Select File Associations
Which file associations should be created?
Select the file associations you want to create; clear the file associations you do not want to create. Click Next when you are ready to continue.
Bitcoin Payment Request (*.bitcoinpaymentrequest)
Next >
Cancel

〈지갑 2-6〉

〈지갑 2-7 설치를 마쳤습니다〉

〈지갑 2-8 언어를 선택합니다〉

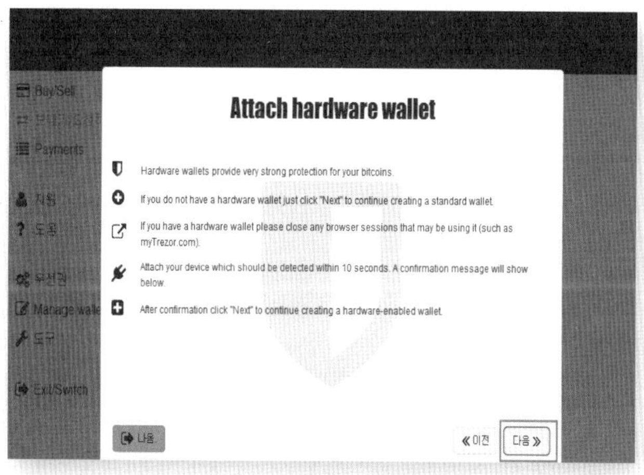

〈지갑 2-9 하드웨어 설치합니다〉

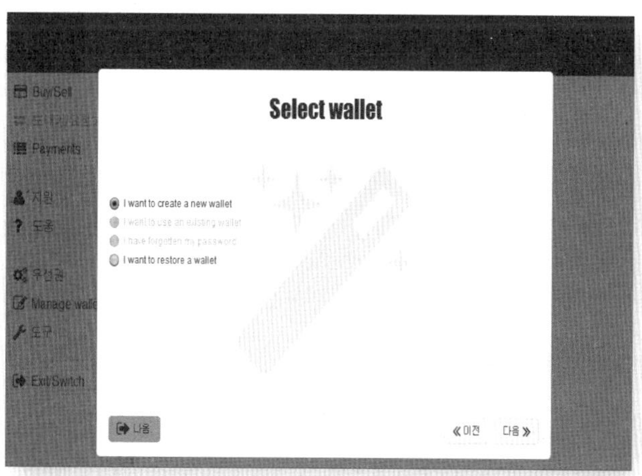

〈지갑 2-10 지갑의 종류를 선택합니다〉

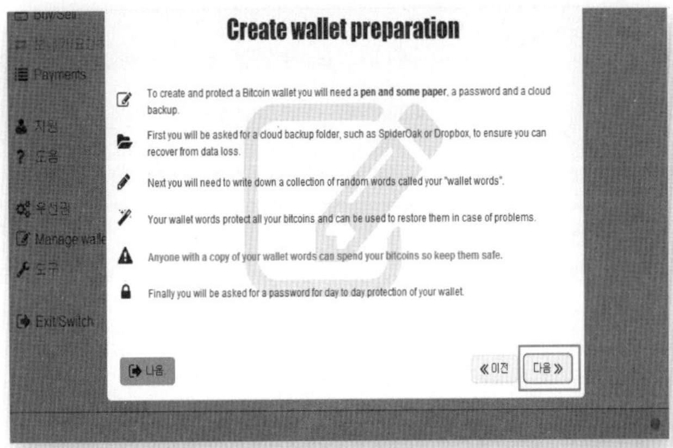

〈지갑 2-11 지갑 설치를 위해 체크중입니다〉

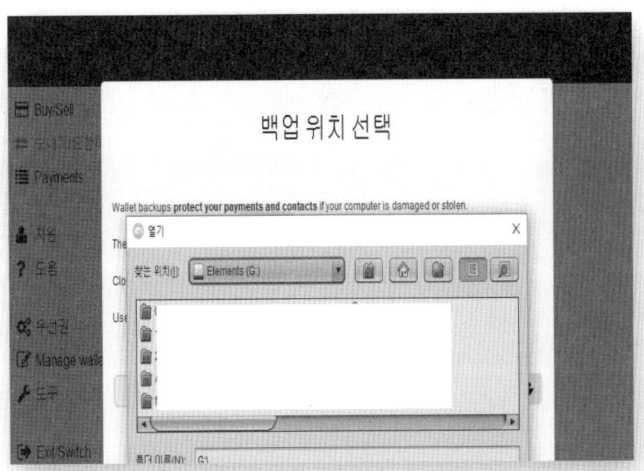

〈지갑 2-12 백업파일 위치를 선택합니다. 외장하드가좋 겠죠〉

〈지갑 2-13 이부분이 중요합니다 Created Wallet〉

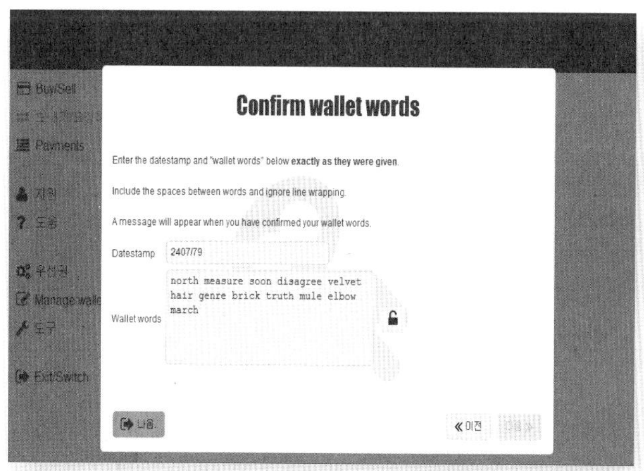

〈그림2-14 한참을 헤매고 뒤로가기를 눌렀습니다〉

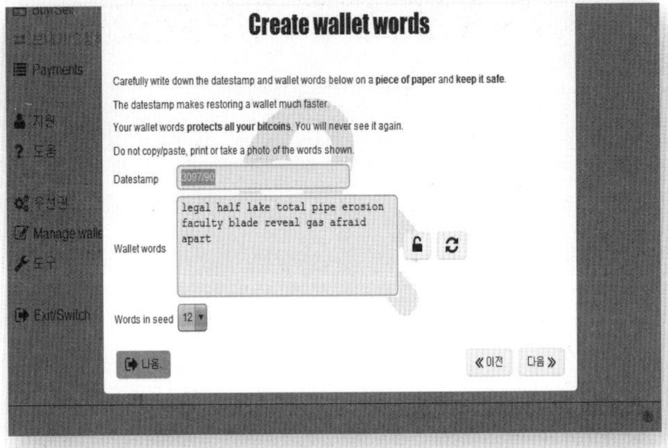

〈지갑 2-15 글자가 다시 변경되어 있었습니다〉

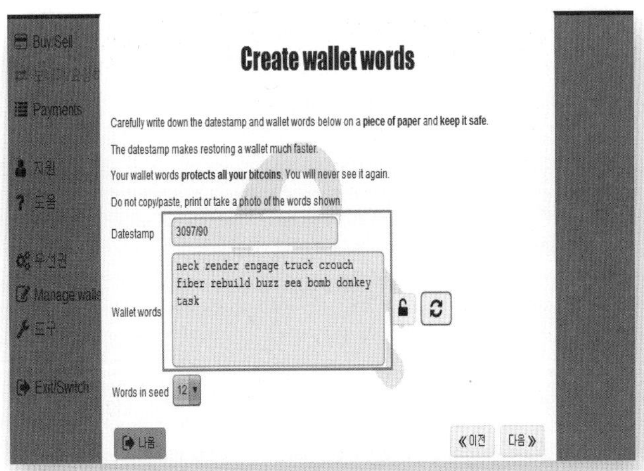

〈지갑 2-16 보안코드 입력처럼 그대로 적어야합니다〉

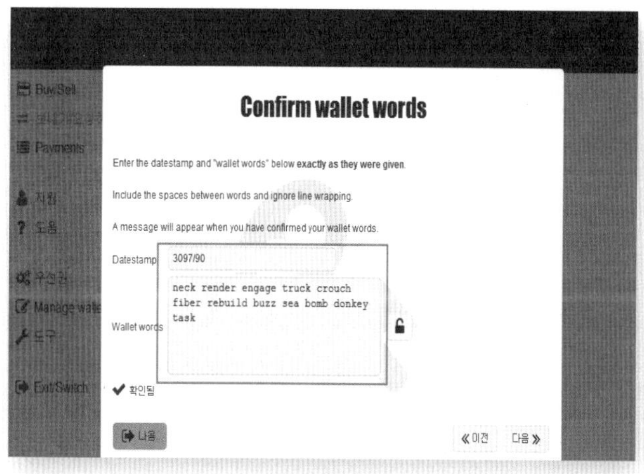

〈지갑 2-17 보안코드를 정확히(띄어쓰기까지 적으면 다음으로 넘어갑니다)〉

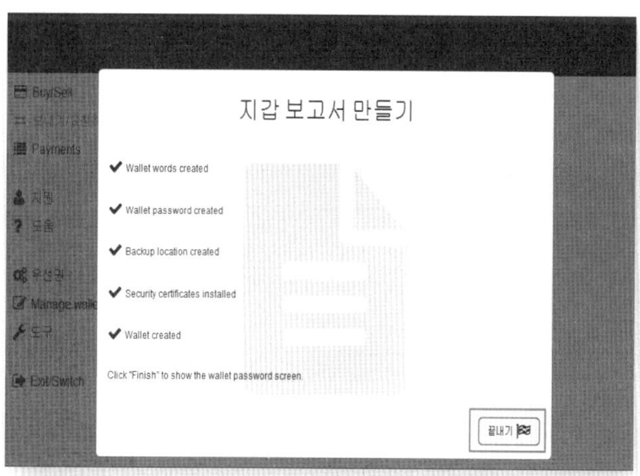

〈지갑 2-18 지갑보고서를 만들 수 있습니다〉

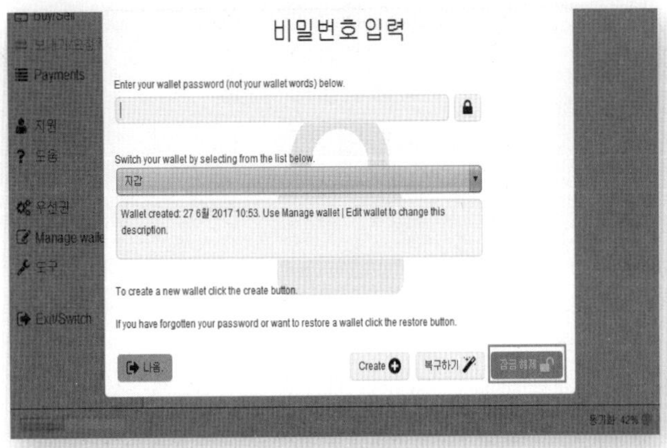

〈지갑 2-19 비밀번호를 한번더 입력합니다〉

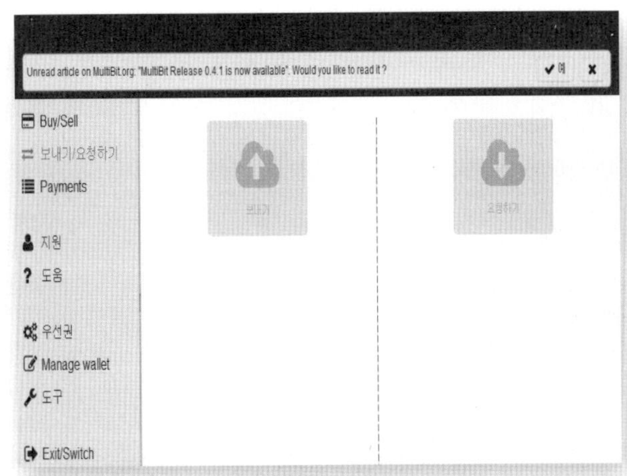

〈지갑 2-20 내지갑이 완성되었습니다〉

빗썸 지갑만들기

〈지갑 3-1 빗썸 사이트에 접속합니다〉

회원가입

일반회원가입 　기업회원가입

e-Mail	이 메일 인증을 받아야 사용이 가능합니다. 이 메일 주소로 로그인 아이디로 합니다. 정확하게 입력해 주세요.
비밀번호	비밀번호는 8~12자리(특수문자 포함)로 만드셔야 합니다
비밀번호 확인	
이름	성: 홍　이름: 길동 실명을 입력해주세요. 저희 사이트에서는 통장에 등록된 명의자에게만 출금 요청을 허용합니다. 회원님의 통장에 등록된 대로 똑같이 작성해주세요. 예) 홍 길동의 이름이 은행통장에 '홍길동'이라고 되어있으면 bithumb에서 출금하기 외화 똑같이 '홍길동'이라고 입력해야 합니다. 칸 띄우기나 별명을 구분이 되어 출금이 허용이 안되거나 지연될 수 있습니다. 성과 이름을 구분하여 정확하게 입력해주세요.
국가	Republic of Korea(대한민국)
휴대폰번호	010　SMS 인증요청 휴대폰번호는 비밀번호, KRW 출금/BTC 출금 등 SMS가 발송되오니 정확히 입력해 주세요.

〈지갑 3-2 회원가입에 나온 것을 입력합니다〉

BITHUMB에 등록해 주셔서 감사드립니다.

아래 링크로 회원님의 이메일 주소를 확인해주세요.

메일 주소 확인하기

■ 이메일 인증이 완료되면 비트코인 거래 체험 이벤트로 1,000KRW가 지급됩니다. (거래 체험
이벤트금액의 유효기간은 한달이며 미사용시 차감됩니다.)
■ 아이핀인증, 휴대폰 본인 인증, 신분증(여권) 중 한가지 인증을 추가로 받으셔야만
KRW/BTC출금이 가능합니다.
자세한 내용은 웹사이트 인증센터를 참고해주시기 바랍니다.

〈지갑 3-2 확인 이메일을 한번더 체크합니다〉

〈지갑 3-4 빗썸에 가입하는 가장 큰 이유죠 쿠폰〉

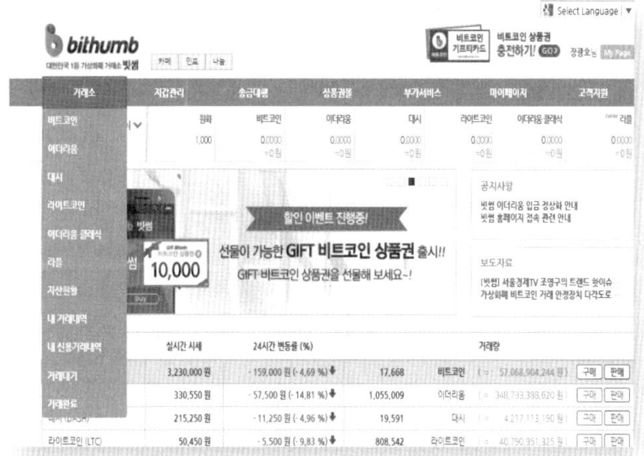

〈지갑 3-5 이제 마음껏 거래할 수 있습니다〉

반드시 알아야 할 지갑의 개념, 콜드월렛과 핫월렛

이번에는 개인 지갑이 왜 필요한지에 대해서 다른 방향에서 알아보도록 하겠습니다. 바로 핫월렛 콜드월렛이라는 개념입니다.

핫월렛 = 뜨거운 = 블록체인 네트워크와 연결된 = 온라인 상태

콜드월렛 = 차가운 = 블록체인 네트워크가 끊긴 = 오프라인 상태

핫월렛과 콜드월렛에 대한 개념은 이렇게 생각하면 쉽습니다. 온라인상태인 핫월렛이면 해킹위험이 있는거고 온전히 오프라인 상태면 집에 굴러다니는 책이랑 다를게 없다보시면 됩니다. USB에 아무리 안전히 보관해놔도 컴퓨터에 꽂아놓으면 온라인, 빼놓으면 오프라인인 콜드월렛인 것입니다.

거래소에 있는 모든 우리 지갑(아이디 계정)은 핫월렛입니다. 나는 로그아웃 했어도 거래소는 항상 ON 상태이니까요. 그래서 아무것도 안하고 자고 있을때라도 거래소가 해킹당할 수 있습니다.

거래소안에서 우리가 거래할때는 블록체인을 사용하는것이 아닌 거래소안의 시스템으로 코인을 주고받는겁니다. 거래소의 가상화폐로 코인을 주고받아야 실시간으로 거래가 반영되고 체결되니까요.

외부로 코인을 출금할때 블록체인을 사용하게 되는데, 이때 대부분 거래소가 거래소의 대표 핫월렛에서 내가 지정한 곳으로 코인을 보내줍니다.

예를 들자면, 제가 주변 투자자들을 모아 통장을 하나 만들어 넣어두었습니다. 이 돈이 생기면 저한테 넣어달라 가져오고, 그럼 저는 개인 거래장부에 김순남씨 1,000원, 이태호씨 5,000원 식으로 기록해두고 통장에는 한꺼번에 6,000원 이렇게 입금하겠죠.

그러다 어느날 김순남씨가 1,000원에서 900원을 다시 돌려달라고 합니다. 그러면 저는 -900원을 개인 장부에 기록하는것이죠.

거래소 내부의 거래이체 방법 및 기록과, 거래소 외부 (타 거래소든, 마이이더월렛같은 개인지갑이던)와의 거래 방법이 차이가 여기서 나오는 것입니다.

문제는 투자 통장으로 '환불'이라면서 면서 2,000원이 입금됩니다. 입금기록은 통장에서 확인되는데 이 돈을 대체 누가 보냈는지 알 수 없습니다. 들어온 코인에 이름이 써 있는 것도 아니기 때문입니다. 거래장부를 뒤지면 찾을 수야 있겠지만 투자자가 30명이 아니라 3천명, 3만명이면 힘들어지는 것입니다. 일일이 물어봐야하는 것입니다.

- 출금은 코인원의 핫월렛(Hot Wallet)에서 이뤄지기 때문에 회원님의 거래지갑 입금주소와 실제 출금주소는 다릅니다. 출금 이후 출금된 지갑주소로 다시 환불을 받아야할 경우나, 컨트랙트(계약)를 통해 입금주소로 토큰을 받는 방식의 전송은 코인원에서 지원하지 않습니다. 이러한 경우 개인지갑으로 먼저 전송한 다음 개인지갑에서 직접 전송하시기 바랍니다.

〈그림 4-1 코인원에서 진행한 공지사항〉

돈 보낸 사람에게 "누구한테 보내신거에요?"라고 말이죠.

그래서 코인원처럼 아래와 같은 공지가 나오는 겁니다. 환불받으려면 개인지갑으로 환불받고, 그다음에 거래소로 입금해라라고 말이죠.

ICO참여해 이더리움을 보낸사람에게 '토큰'을 보내줘야하는데 거래소입장에선 대표공통 계좌로 토큰이라는게 날아오고, 대체 어떤 사람 거래장부에 기록해줘야하는지도 모르는 상황이 발생하죠.

심지어 토큰이 한두개도 아닌데, 그때마다 토큰별로 새로운 거래원장을 만들기도 불가능하고요. 심지어 이더리움은 스마트컨트랙트(똑똑한계약) 조건식에 따라서, 입금 확인되면 관리자가 할것도 없이 알아서 전산이 토큰을 계산하고 보내주는 시스템입니다.

거래소 지갑에서 받아줄수가 없는데 토큰을 쏴버리니 토큰이 중간에 분실될수도 있죠. 분산화된 (중앙에서 관리하는 주체가 없는) 블록체인이니 이렇게 분실된 토큰은 회수도, 재발행도 불가합니다. 그러니 항상 이더기반 ERC20 토큰 ICO에 참여할때는 또는 이더리움 스마트컨트렉트가 적용된 코인ICO에 참여할때는 반드시 반드시 남들이랑 다같이 쓰는 공용통장인 거래소지갑에서 보내는 것이 아니라 반드시 마이이더월랫같은 '토큰 추가가 가능한' 개인지갑에서 보내주셔야 한다는 겁니다.

출처: 코인세상 코인나라를 꿈꾸는 투자

http://cafe.naver.com/ims330/121424 작성자 : 레이디 D

부록 2

주목해야 할 코인들

1. 〈Ethereum〉 Max Coins: 60,000,000 최초발행 + 15,000,000 / year = 현재 약 9170만 개이며 해마다 1500만 개 발행 가능

이더리움은 2015년 7월 비탈릭 부테린(러시아 출신의 캐나다인)이 개발한 암호화페이자 플랫폼입니다. 이더리움은 비트코인의 핵심 기술인 블록체인(block- chain)을 기반으로 거래 기록 뿐만 아니라 계약서, SNS, 이메일, 전자투표 등 다양한 금융 어플리케이

션을 투명하게 운영할 수 있게 확장성을 제공하고 있습니다. 이더리움은 특히나 투명성과 보안에서 강점이 있습니다. 특히나 이더리움이 프로그래머들에게 관심받는 이유는 C++, 자바, 파이썬, GO 등 대부분의 주요 프로그래밍 언어를 지원하여 모든 형태의 거래를 프로그래밍 가능하게끔 설계 되었기에 일반인들 보다는 프로그래머 출신들이 많은 관심을 가지고 있는 것입니다.

사실 이더리움의 목적은 분산 어플리케이션 제작을 위한 대체 프로토콜을 만드는 것이었습니다. 대규모 분산 어플리케이션에 유용할 것이라 생각되는 다른 종류의 제작기법을 제공하면서 빠른 개발 시간, 작고 드물게 사용되는 어플리케이션을 위한 보안, 다른 어플리케이션과의 효율적인 상호작용이 중요한 상황에 특히 주안점을 두고 있습니다.

은행 거래 장부를 은행만 가지지 않고 모든 소유자에게 퍼뜨려서 동시에 해킹당하지 않는 이상은 악의적인 목적으로 사용할 수 없게 한 비트코인의 블록체인이라는 방식을 '돈거래' 뿐만 아니라 전반적인 일상생활에서 '기록'이 필요한 거의 모든 시스템들에게도 적용할 수 있도록 플랫폼을 제공하고 있다는 것이 가장 큰 차이점입니다.

비유를 하자면, 블록체인 방식은 기존에 사람들의 거래 후결

과에만 관심을 가지게 했다면 이더리움은 거래자체가 가치가 있도록 한것입니다.

쉽게 예를들면 미래에는 집 안의 온도를 휴대폰을 통해서 직접 눈으로 확인하고 사용수치 만큼 계산하는 시스템이 아니라 에어컨 자체도 자동화로 연결되어 자동이체방식으로 자동계산이 되는 시기가 올텐데 이런 IoT세상에서는 해커들이 현재의 빈집털이들처럼 해킹으로 인터넷에 연결된 모든 용품이나 기기에 쓰이는 사용료를 털어갈 확률이 높습니다.

바로 이런 시대에 걸맞는 자동이체시스템이자 동시에 보안시스템 역할까지 할 수 있는 것이 지금의 이더리움이라고 볼 수가 있습니다. 물론 이더리움 보다 더욱 향상된 블록체인이 등장 할 수도 있을 것입니다.

이더리움은 튜링 완전 언어를 내장하고 있는 블록체인이라는 필수적이고 근본적인 기반을 제공함으로써 이 목적을 이루고자 하는 것입니다. 누구든지 이 언어를 사용해 스마트 컨트랙트, 분산 어플리케이션을 작성하고 소유권에 대한 임의의 규칙, 트랜잭션 형식(transaction format), 상태변환 함수(state transition function) 등을 생성 할 수 있습니다.

네임코인의 기본적인 형태는 두 줄 정도의 코드로 작성할 수 있고, 통화나 평판 시스템 관련 프로토콜은 스무 줄 내외의 코드로 만들 수 있습니다. 어떤 값을 저장하고 특정한 조건들을 만족했을 때만 그 값을 얻을 수 있게 하는 일종의 암호 상자인 스마트 컨트랙트 또한 이더리움이라는 플랫폼 위에 만들 수 있습니다. 앞으로는 비트코인보다 더 많은것을 활용 할 수 있고 효율성 면에서 이더리움이 의미하는 바가 커질 수 있는 것입니다.

이더리움과 이더리움 클래식은 무엇이 다른걸까?

또한 각각의 이더리움들은 탈중앙화로 어떤 조직도 소유하지 못하며 자율적으로 합의하의 프로세스가 실행되며 분산화된 시스템으로 움직이게 되는 다오 리펀드 시스템을 가지고 있는데, 여기에 취약점이 있어서 2016년 6월에 해킹사태가 발생했습니다. (이더리움 소지자들에게) 이로 인해 이더리움의 가격은 상당히 하락했다.

이때 이더리움 재단은 해킹당한 DAO를 가진 모든 이더리움의 이동을 영구정지시켜서 해결하는 소프트 포크와 해킹 피해자들이 잃어버린 만큼 이더리움을 돌려받는 하드 포크, 2가지 해결책을 제시했는데 하드포크가 압도적으로 지지 받아서 2016년 7월경에 하드포크를 성공하여 이더리움의 가격은 다시 원래 가격을 향해 올라갑니다.

하지만 7월이 끝나기 전에 하드포크 하기 전의 기록들을 가진 이더리움을 이더리움 클래식이라는 이름으로 해외거래소에 사전 고지도 없이 상장하여 충격을 주었습니다. 시장에서 없어져야 될 기록을 가진 코인을 살려서 아무일 없다는 듯이 상장했기에 코인계는 패닉에 빠졌고 이더리움은 다시 폭락하게 됩니다.

2016년 9월경 이더리움은 알수없는 공격자로부터 지속적인 DoS공격과 스팸공격을 받았습니다. (이때 해커들은 이더리움 거래 시 소량의 gas수수료가 발생하는 것을 활용해 많은 빈거래를 발생시키 네트워크를 다운시키는 방식과 많은 수의 가계정을 만드는방법을 활용했습니다.)

이에 이더리움 측은 gas수수료 조정과 가짜계정 청소작업을 진행하고 이에 필요한 하드포크를 다시 감행했습니다. 그럼에도 다른 시스템상의 취약점을 공격당하고 계속해서 버그들이 발생하여 이후에도 하드포크를 여러번 진행한바 있습니다.

이더리움의 블록체인 기반 플랫폼 제공 기술은 상당히 획기적이어서 한참 후에 나온 다른 알트코인인 ZCash, Augur코인등의 상당수가 이더리움의 기술을 모방하는 형태로 개발되었으며 심지어 비탈릭 부테린이 다른 알트코인들의 멘토이자 조언자로 지정되어 있을 정도였습니다.

이상하게도 이더리움이 인기있는 국가는 딱히 정해지진 않았지만 미국과 한국 정도입니다.

이더리움은 알트코인의 순위를 가장 잘 보여주는 사이트 중에 하나인 https://coinmarketcap.com/ 에서 한달사이에 4위에서 2위로 오르는 등의 모습을 보여줬습니다.

간략하게 그동안의 이더리움의 진행상황을 정리해 보면 다음과 같습니다.

2015년 8월 2.8달러 출발 합니다. 2016년 2월 3달러를 기점으로 급등 후 같은해 3월 14달러 찍고 하락후 5월에 13달러로 복귀합니다. 이후 약간 하락 후 횡보하다가 2016년 6월 해킹사태로 급락하여 11달러가 됩니다. 또 하드포크로 해킹사건 해결 후 상승하는가 싶더니 이더리움 클래식 상장으로 하락하게 됩니다. 이후 조정기간을 거치다가 2016년 10월부터 서서히 하락(사람들의 관심밖으로 밀려남) 후 2017년 2월경부터 급등하여 현재 180달러를 오르내리고 있습니다.

2. 〈Lite coin〉 최대 8400만개 max 현재 5100만개 채굴됨 (현재 60% 채굴됨) 채굴속도 빠름

인터넷 은화로 자리 잡으려는 뜻을 의미하는 은색의 로고를 가지느 라이트 코인은 2011년 10월 MIT를 졸업한 구글출신 찰리 리가 개발했습니다. 라이트 코인은 비트코인과 유사한 방식으로 운영되는 암호화폐 입니다. 비트코인이 최대 채굴량이 약 2,100만 개인 것에 비해 라이트코인은 약 8,400만 개로 4배가 많습니다. 라이트코인의 가장 큰 장점은 간편한 채굴입니다. 라이트코인은 PC용 GPU로도 채굴이 가능하며 거래 속도도 평균적으로 라이트코인이 2분 30초로, 10분 정도 걸리는 비트코인보다 4배가 빠른것이죠.

구체적인 채굴에서도 비트코인은 해시값(암호화 거래기록)을 가진 파일인 블록을 해제해야 하는데 이 과정이 매우 복잡하며 고성능의 컴퓨터가 필요합니다. 그러나 라이트코인은 새로운 암호화 알고리즘인 스크립트를 사용해 블록을 해제하는 복잡성을 상대적으로 줄였습니다.

sns상에 잘 모습을 드러내지 않는 코인개발자들과는 달리 찰리 리는 자주 모습을 드러내서 발언을 하는 편입니다. 특히나 라이트 코인은 비트코인에 대해서 규제가 많은 중국에서 인기가 많으며 https://coinmarketcap.com/currencies/litecoin/에서의 기록 변동추이는 2013년 11월 급등하여 50달러 찍고 하락 했으며 2017년 4월경부터 급등 중입니다.

3. 〈Ripple〉 100,000,000,000 XRP max 현재 38,532,538,149 XRP (현재 약 38% 발행됨.)

최근에 많은 이들이 관심을 가지고 있는 리플은 https://coin-marketcap.com/ 의 랭킹에서 3~5위를 오르내리고 있습니다. 거래 규모는 https://coinmarketcap.com/ 조회기준 24시간별/월별 2~3위를 오르내리고 있습니다. (폴로닉스기준)

채굴형이 아닌 발행형이며, 총 발행가능수는 100,000,000,000 이며 구글에서 리플을 발행한 리플랩스 회사가 창업할 때 스타트업 지원을 했는데 액수는 300억달러~1조달러 등의 루머가 있습니다. 세계의 무역거래에 쓰이는 달러를 대신하겠다는 목표이기에 대형은행과 정식협약을 맺고 진행중입니다.

리플은 다른 코인들과 달리 지금의 화폐 개념과 유사한 중앙화한 코인입니다. 즉, 리플랩스 본사가 세계은행이 되는 입니다. 그래서 리플은 비트코인의 경쟁자가 아니라 비트코인의 보완 역할을 자처하고 있습니다.

그리고 리플랩스는 1000억개의 xrp 중 절반을 유통시키고 나머지 절반을 보유하고 있을 계획이라고 밝혔습니다. 즉 이것이 뜻하는 바는 언제든지 리플랩스 통제하에 통화량을 증설하거나 제한할 수 있음을 암시하는 정책입니다.

리플을 이용한 거래시 수수료는 징수되지 않으나 리플코인의 1/1000%가 징수되어 파괴되는 것이 특징입니다. 또한 여러가지 특징중에 리플코인의 장점 중 하나는 빠른 송금 속도입니다.

한국에서 미국으로 송금을 하려면 대기 시간이 길고 송금에 따른 수수료가 부과되는데 이 때문에 1달러 미만을 송금하는 것은 수수료가 더 나갈 수 있기에 거의 불가능합니다. 하지만 xrp로 환전후 xrp를 보내게 되면 1달라를 송금시키는 것도 가능합니다. 승인 속도도 약 3~5초이기에 속도면에서도 장점이 있습니다.

또한 리플은 디플레이션 통화모델을 가지고 있습니다. 즉, 세계적인 사용이 증가할 수록 유통되는 xrp수는 점차 감소할 것입니다

전제적인 진행 사항을 정리해보면

2013년 8월 즈음 5~6원에서 출발 했으며 2013년 12월 즈음 54원 찍고 하락 했습니다. 그리고 2014년 12월 즈음 24원 찍고 또

한 번 크게 하락했습니다. 그리고 2017년 3월 부터 계속해서 폭등하고 있는 추세입니다.

4. 〈Nem〉 단위는 xem. 최대 발행수(현재 발행된 수) 8,999,999,999 XEM

nem은 코인이 아니라 블록체인입니다. nem의 기능을 살펴보면 다음 다섯가지입니다.

1. 네임스페이스(Namespaces)

2. 모자이크(Mosaics)

3. 멀티시그너쳐 계정(Multisig accounts)

4. 메시지(Messages)

5. 아포스티유(Apostille)

비트코인과 비교해볼때 에너지 효율성만 따져보자면 훨씬 경제적이라는데 현재 일본 금융기관에서 NEM 블록체인에 투자하여 실험을 해보고 있는 상태입니다. 아직 초기단계인 전자화폐이며 투자자로서 NEM 의 가격대 또한 매우 매력적이라고 보여집니다. https://coinmarketcap.com/ 랭킹 4~6위를 오르내리고 있습니다.

현재 리플코인의 진행사항을 보자면 다음과 같습니다.

2015년 4월 즈음 0.4원에서 출발 했습니다. 2016년 7월 10원 찍고 하락하기 시작했고 다른코인들과 같이 2017년 3월부터 급등 했으며 지금은 전체4위입니다.

5. 〈Stellar lumens〉 현재 발행수 9,625,000,678 XLM (코인시장에 공급된 양만 약 4,981,050,091 루멘)

리플을 만든 Jed McCaleb이 만든 것으로 현재 제 2의 리플이라 부릅니다. 리플의 코드베이스의 일부를 추가하여 만든 것입니다. 또한 리플처럼 중앙화 시스템이지만 비영리를 추구합니다. 창작자가 같은 만큼 리플과 발행수도 비슷하며 많은 부분이 유사합니다.

하지만 리플은 은행과의 게이트웨이에 집중하고 스텔라는 유져에게 집중하는 경향을 보입니다. 이름을 널리 알리는 데에는 특화되어있지만 아직까지는 리플보다 시가총액이 부족합니다.

현재 페이스북과 연계 되어 있다고 알려져 있는데 그뿐만이 아니라 애플과도 연계가 되어 있습니다. 금융서비스에 엑세스 권한이 없는 20억명을 위한 해결방안을 찾는 코인을 자처하며 디지털 금융 서비스를 제공하기 위한 비즈니스 모델입니다. 또한 모바일 자금 운영자에 초점을 맞추어 시장에 개입하고 있다.

스텔라의 승인속도는 리플과 같은 3~6초로 거래자를 위한 최소 수수료를 내세우고 있습니다. https://coinmarketcap.com/ 랭킹에서 10위권으로 2014년 8월 즈음 2~3원에서 출발 했으며 2014년 12월 즈음 약 6원으로 올랐다가 하락 후 2017년 5월부터 급등하고 있습니다.

6. 〈Dogecoin〉 무제한 발행. 현재109,494,105,064 DOGE (채굴가능)

Dogecoin Foundation (가상통화인 Dogecoin 창설자 리엄 배틀러가 만든 재단)을 중심으로 경제적인 여건으로 불참하던 자메이카의 봅슬레이 팀을 도기코인으로 후원한 사례가 있으며 케냐의 강 유역에 우물을 건설하기 위한 모금 행사를 벌이기도 했습니다. 전반적으로 자금지원재단의 느낌으로 운영되는 듯한 느낌을 줍니다. 현재 https://coinmarketcap.com/ 랭킹에 11위입니다.

간단한 역사를보자면 2013년 12월에 0.5원에서 시작 했으며 2014년 초에 급등하여 2월에 1.8원으로 급등 후 하락 후 2017년

4월 말부터 급등했습니다.

7. ⟨Syscoin⟩ 524,939,296 SYS

세계 최초의 완전분산 안전거래 지갑을 만들었다고 합니다. 즉 코인 자체가 지갑이 된다는 의미 같은 것이죠. 구매자와 판매자간의 물건 거래시 지갑내에서 서로 공증을 해줘서 믿고 거래할 수 있도록 한다는 뜻입니다.

모바일 및 데스크톱 내의 syscoin 환경 구축을 목표로 하는 것 같으며 마이크로소프트와 협약 인기 국가는 아무래도 미국이될 것입니다. 2014년 8월에 1.9원으로 시작 2016년 3월 10원으로 급등 후 2017년 4월부터 또 한차례 급등하고 있습니다. https://coinmarketcap.com/ 랭킹 39위

8. ⟨Bytecoin⟩ 총 공급량 182,926,051,484 BCN

익명성이보장되는 모네로 코인의 원조로 암호화+빠른블럭생성속도 리플과 모네로의 장점이 합쳐져있다고 보면 됩니다. 인기 국가는 일본이며 2014년 6월에 0.06원으로 시작해 2017년 5월부

터 급등하여 3.8원대 근처 진행중입니다.

출처: 코인세상 코인나라를 꿈꾸는 투자자
http://cafe.naver.com/ims330/110504

아무것도 묻지도 따지지도 않고

비트코인 따라하기

초판 1쇄 인쇄 | 2018년 01월 30일

초판 1쇄 발행 | 2018년 02월 05일

지은이 | 한국암호화전자화폐협회

총괄편집 | 장영광

편집 디자인 | 장영광

발행처 | 한국암호화전자화폐협회

출판등록 | 제2014년 7월 24일, 제2014-02호

전화 | 02) 2060-2938

팩스 | 02) 6918-4190

메일 | stevenjangs@gmail.com

ISBN 979-11-87654-41-4

책값 9,900원 (구천구백원)